Tucholsky Wagner Zola Scott Sydow Freud Schlegel
Turgenev Fonatne Wallace
Twain Walther von der Vogelweide Fouqué Friedrich II. von Preußen
Weber Freiligrath Frey
Fechner Fichte Weiße Rose von Fallersleben Kant Ernst Frommel
Richthofen
Hölderlin
Engels Fielding Eichendorff Tacitus Dumas
Fehrs Faber Flaubert
Eliasberg Ebner Eschenbach
Feuerbach Maximilian I. von Habsburg Fock Zweig
Ewald Eliot Vergil
Goethe Elisabeth von Österreich London
Mendelssohn Balzac Shakespeare
Dostojewski Ganghofer
Trackl Lichtenberg Rathenau Doyle Gjellerup
Stevenson Hambruch
Mommsen Tolstoi Lenz Gautier
Thoma Hanrieder Droste-Hülshoff
Dach Verne von Arnim Hägele
Reuter Hauff Humboldt
Karrillon Garschin Rousseau Hagen Hauptmann
Defoe Baudelaire
Damaschke Descartes Hebbel
Hegel Kussmaul Herder
Wolfram von Eschenbach Schopenhauer
Darwin Dickens Rilke George
Bronner Melville Grimm Jerome Bebel
Campe Horváth Aristoteles Proust
Bismarck Vigny Barlach Voltaire Federer Herodot
Gengenbach Heine
Storm Casanova Tersteegen Grillparzer Georgy
Chamberlain Lessing Langbein Gilm Gryphius
Brentano Lafontaine
Strachwitz Claudius Schiller Schilling Kralik Iffland Sokrates
Katharina II. von Rußland Bellamy
Gerstäcker Raabe Gibbon Tschechow
Löns Hesse Hoffmann Gogol Wilde Vulpius
Luther Heym Hofmannsthal Gleim
Roth Klee Hölty Morgenstern Goedicke
Heyse Klopstock Kleist
Luxemburg Puschkin Homer Mörike
La Roche Horaz Musil
Machiavelli Kierkegaard Kraft Kraus
Navarra Aurel Musset
Nestroy Marie de France Lamprecht Kind Kirchhoff Hugo Moltke
Laotse Ipsen Liebknecht
Nietzsche Nansen
Marx Lassalle Gorki Klett Ringelnatz
von Ossietzky Leibniz
May Irving
Petalozzi vom Stein Lawrence
Platon Knigge
Sachs Poe Pückler Michelangelo Kafka
Liebermann Kock
de Sade Praetorius Mistral Zetkin Korolenko

Der Verlag tredition aus Hamburg veröffentlicht in der Reihe **TREDITION CLASSICS** Werke aus mehr als zwei Jahrtausenden. Diese waren zu einem Großteil vergriffen oder nur noch antiquarisch erhältlich.

Symbolfigur für **TREDITION CLASSICS** ist Johannes Gutenberg (1400 — 1468), der Erfinder des Buchdrucks mit Metalllettern und der Druckerpresse.

Mit der Buchreihe **TREDITION CLASSICS** verfolgt tredition das Ziel, tausende Klassiker der Weltliteratur verschiedener Sprachen wieder als gedruckte Bücher aufzulegen – und das weltweit!

Die Buchreihe dient zur Bewahrung der Literatur und Förderung der Kultur. Sie trägt so dazu bei, dass viele tausend Werke nicht in Vergessenheit geraten.

Zeitungsartikel

Bertha Pappenheim

Impressum

Autor: Bertha Pappenheim
Umschlagkonzept: toepferschumann, Berlin

Verlag: tradition GmbH, Hamburg
ISBN: 978-3-8424-1401-3
Printed in Germany

Frauenfrage und Frauenberuf im Judenthum

Von P. Berthold

Man mag sich zur Frauenbewegung stellen wie man will: man kann sich ihrer freuen, oder man kann sie verspotten, man kann sie beachten, oder man kann sie verachten, man kann ihr eine Bedeutung für die Zukunft zu- oder absprechen und ihre Anhänger für Schwätzer oder für Idealisten erklären, all das kann man, aber wegleugnen als bewegendes Element des gegenwärtigen sozialen Lebens kann man sie nicht. Und in der Erkenntniß nun, daß eine Frauenfrage, eine Frauenbewegung existirt, ist es ganz erstaunlich, daß es noch eine ganze Menge schulgebildeter Menschen und vor allem Frauen giebt, die sich von dieser Bewegung keine Rechenschaft geben und weit entfernt davon sind, zu ihr Stellung zu nehmen. Dazu gehören zum großen Theil die jüdischen und noch viel mehr die orthodox jüdischen Kreise mit ihren Frauen.

Eigentlich sollte ein Stamm, der Jahrhunderte lang unter der Entziehung der Freiheit gelitten hat, und der sich körperlich wie geistig erst von dem Drucke der Unfreiheit zu erholen beginnt, dieser Stamm sollte für eine soziale Regung wie die Frauenbewegung das größte Verständniß haben. Die Frauen ebenso wie die Juden verlangen nur Gerechtigkeit, d. i. ihre Gleichstellung mit den Gleichbefähigten. Und doch sind es gerade die Juden und zumeist die konservativen, die das nicht bedenken. Nun liegt es aber gar nicht in der Natur der Juden, eine Geistesströmung oder Moderichtung, sei sie nun vernünftig oder thöricht, nicht zu bemerken, nicht auszunützen oder mitzumachen. Es muß also ein tieferer Grund dafür da sein, daß die Juden der Frauenbewegung gegenüber vielfach noch ganz verständnißlos geblieben sind, und es giebt auch eine ausreichende Erklärung für diese Erscheinung.

Die Frau nahm bei den alten Juden theoretisch und dichterisch eine sehr geschätzte und geachtete Stellung ein, als Mutter der Kinder, als Hüterin des Hauses. Ihr gegenüber stand aber auch von jeher ein seine patriarchalischen Rechte ausgiebig gebrauchender Haustyrann, der seine Meinung und seinen Willen so lange durchzusetzen gewußt hat, bis im Laufe der Zeit der Frau das Bewußtsein der Unterdrückung und der Willenlosigkeit ganz abhanden gekommen ist. Im Ghettoleben war es von geringer Bedeutung, in gewisser Beziehung sogar vortheilhaft, daß die Tugend der Demuth und der Geduld von dem weiblichen Theil der jüdischen Bevölkerung durchgehends als selbstverständlich geübt wurde. Aber auch seitdem es politisch kein Ghetto mehr giebt, hat die jüdische Frau wenig Anstalt gemacht, sich zu einer Individualität auszubilden oder auch nur im Allgemeinen an sozialen Interessen oder gar an sozialer Arbeit sich zu betheiligen. Gedankenreihen, die Jahrhunderte lang in unserem Gehirn angebahnt waren und von vielen Generationen nur so und nicht anders gedacht worden sind, verwischen sich eben nicht mit einem Male. Es gehört Ueberzeugung und viel Wille dazu, um anders zu denken als unsere Vorfahren. Weil also in jüdischen Kreisen über die Stellung der Frau lange Zeit dasselbe gedacht wurde, in orthodoxen heute noch nicht anders gedacht wird, so ist die Stellung der Frau dort unverändert geblieben, und man hat kein Verständniß für die Frauenbewegung.

Damit soll aber durchaus nicht gesagt sein, daß die Frauenbewegung mit Orthodoxie oder Frömmigkeit nicht zu vereinen sei. Die Frauenbewegung ist eine Bewegung auf geistigem Gebiete, die mit dem religiösen Bedürfniß, dem religiösen Bekenntniß und der Färbung dieses Bekenntnisses absolut nichts zu thun hat. Die Frauenbewegung hat nur zum Zweck, die Frau zu einem dem Manne gleichwerthigen Kulturträger zu machen, ihr Rechte zu geben und Pflichten vorzuhalten, deren sich kein Gebildeter begeben sollte.

Entzieht sich aber die Frau der Mühe, für diese ihre Rechte einzutreten, und vor allem, bleibt sie ihren Pflichten gegenüber indolent, dann ist es eben die Frau, die ihr Haus wieder zu einem Ghetto macht, Thor und Riegel vorschiebt gegen das Eindringen des höchsten Gutes, der geistigen Freiheit.

In dem Rahmen dieser Besprechung ist es natürlich unmöglich, alle Punkte zu erwähnen, wo die einzelne Frau beginnen muß, mit dem großen Kulturstrom Fühlung zu bekommen und aus dem Typus in eine Individualität zu wachsen. Es sei hier in bestimmter Absicht nur ein wichtiger sozialer Faktor erwähnt, dem gegenüber die jüdische Frau in erster Linie eine Korrektur ihres herkömmlichen Gedankenganges eintreten lassen muß. Es ist dies in Bezug auf die Wohlthätigkeit, das Almosengeben. Die Gedankenlosigkeit des

Gebens muß künftighin einem vernünftigen, planmäßigen, zweckdienlichen Helfen weichen und damit wird im Leben der jüdischen Frau der erste Schritt gethan sein, sich der Frauenbewegung anzuschließen. Die gebildete Frau muß einsehen lernen, daß sie die Pflicht hat, zu helfen, wo es nöthig ist. Die Arbeit, die eine solche Pflichterfüllung mit sich bringt, fröhlich und verständig thun, ist ein Quell unendlicher Lebensfreude, unendlichen Lebensgenusses.

Um diesen Weg einschlagen zu können, hat aber jede Frau, eine Reihe von Vorurtheilen in sich und um sich zu bekämpfen. Da muß zuerst der Gedanke Raum gewinnen: Arbeit ehrt, ob man »es nöthig hat«, zu arbeiten, oder nicht. In diesem Punkte gabelt sich die Frage nach zwei Seiten, nach der besitzenden und der nicht besitzenden Frau. Arbeiten sollen Beide; nur soll die besitzende Frau für die besitzlose arbeiten, d.h. sie soll der besitzlosen Frau deren Schicksal erleichtern helfen durch Rath und That. Der Rath darf aber nicht oberflächlich und gedankenlos sein, und die That soll nicht nur in Geld- oder anderen Geschenken bestehen. Vom gerechten menschlichen Standpunkte ist es doch nicht mehr als Pflicht und Schuldigkeit, daß die begüterte Frau aufhört, gedankenlos in den Tag hinein zu leben, und daß sie anfängt, einen kleinen Theil ihrer Zeit und einen etwas größeren ihrer Intelligenz, vereint mit jenen Mitteln, die sie bisher dem sinnlosen Almosen gewidmet hat, in den Dienst der allgemeinen Wohlfahrt zu stellen. Und deshalb sind es die allgemeinen Wohlfahrtseinrichtungen, denen zuerst die Frau ihr Interesse und ihr Augenmerk zuwenden soll. Auf diesem Gebiete der sozialen Arbeit giebt es sehr viel zu thun und sehr viel zu lernen.

Guter Wille und Intelligenz, Beobachtung und Erfahrung, Uebersicht und mancherlei Ueberwindung und Selbstverleugnung sind erforderlich, um diese wichtige Arbeit recht zu thun, und viele von diesen geistigen Qualitäten liegen heute noch ungeweckt und unbenutzt in der jüdischen Frau.

Die besitzende Frau, die nicht durch den täglichen Broderwerb ermüdet und daran gehindert ist, sich einen gewissen Ueberblick über den Arbeitsmarkt zu verschaffen, soll es zu ihrer Aufgabe machen, die einen Broderwerb suchenden Frauen und Mädchen einem richtigen Berufe zuzuführen. Man schütze nicht Mangel an Gelegenheit vor, Einfluß auszuüben. Jeder Mensch kann es in seinem Kreise, und sei dieser noch so klein. Aber indolent sein, ist auch pflichtvergessen.

So gilt es denn vor allem, die Unterstützung falscher Ehrbegriffe zu vermeiden und die erwerbsuchenden Mädchen davon zu überzeugen, daß das Wie der geleisteten Arbeit über den Menschen entscheidet und nicht gewisse Aeußerlichkeiten, die mit einem Amte oder einer Stellung zusammenhängen.

Mehr als andere betrachten die jüdischen Mädchen einen Beruf nur als Durchgangsstation zur Ehe. Sie versäumen darum, sich gründlich für einen Erwerb vorzubereiten, vermeiden thunlichst jede körperliche Anstrengung, die als »grobe Arbeit« verpönt ist, und suchen Stellen, die diese Vorbedingungen auch noch mit der Möglichkeit verbinden sollen, jederzeit von dem Beruf in die Ehe zu springen.

Daher der große Zudrang der jüdischen Mädchen zur Schneiderei, zum Putzmachen, zum Ladendienst und zu »Kinderfräuleins«, die die schlechteste Lohn- und zum Theil auch Moralitätsstatistik aufweisen, und daher auch die geringe Vorliebe für die Krankenpflege und Haus- und Küchenarbeit, Erwerbszweige, die vorzüglich bezahlt werden und geschützte und gesicherte Lebensstellungen bieten.

Es erübrigt nun nur noch, aus diesen Betrachtungen den einfachen Schluß zu ziehen. Die gebildete jüdische Frau lasse jene Bewegung, die zum Wohle der Nationen die Frau der Unthätigkeit zu entreißen sucht, nicht unbemerkt an sich vorübergleiten.

Der Wunsch, zum Besten Vieler beitragen zu können, führe sie in die Reihe der Arbeiterinnen und sie weihe Herz und Kopf solchen Veranstaltungen und Schöpfungen, die dazu bestimmt sind, der Wohlfahrt zu dienen, seien es nun Haushaltungs- und Kochschulen, Volkskindergärten oder Flickschulen, Volksküchen oder Stätten zur Heranbildung von Krankenpflegerinnen. Ein weites Arbeitsfeld für die Frau! Macht sie sich auf irgend einem Gebiete desselben wirklich nützlich, dann trägt jede einzelne Frau das Ihre dazu bei, die Frauenfrage als einen Theil der sozialen Frage einst zu glücklicher Lösung zu führen.

Eine Frauenstimme über Frauenstimmrecht

Von P. Berthold

(1887)

In jeder Bewegung liegt etwas ungemein Reizvolles. Das Überwinden eines Widerstandes und die dazu nötige Kraftentwickelung bringt ein Lustgefühl, erhöhtes Selbstbewußtsein hervor, das viele Menschen davor bewahrt, in dumpfe Trägheit zu verfallen. Zielbewußte, nützliche Bewegung, also Arbeit, ist darum, wenn sie die Kräfte des Arbeiters nicht übersteigt, etwas sehr Beglückendes. Wenn eine Bewegung in Sport ausartet, d.h. bloß der Eitelkeit und verwandten Motiven dient, wird sie wertlos.

Was von körperlicher Bewegung und Kraftleistung gilt, gilt auch von geistiger Bewegung. Etwas durchdenken, Etwas begreifen, Hindernisse, auf die man trifft, bewältigen, gehört zu den höchsten Genüssen des menschlichen Lebens, und solche geistige Arbeit kann inmitten eines sonst traurigen, freudlosen Daseins zu einer unerschöpflichen Quelle von Glück werden.

Aber auch eine Bewegung auf geistigem Gebiete kann ein fortreißendes Tempo annehmen, das die vernünftigen, wohlbegründeten Anfänge in sportartige Übertreibung ausarten läßt, und damit der guten Sache schadet.

Auf einem solchen Punkt ist im Moment die Frauenbewegung in Deutschland angekommen, erkenntlich an den einzelnen Rufen nach Frauenstimmrecht, die sich vernehmen lassen.

Die Veranlassung zur Frauenbewegung überhaupt gab die Not. Frauen darbten; der Selbsterhaltungstrieb führte sie zur Arbeit, und da man uns das Recht auf jede Arbeit, die wir leisten können, nicht frei zugesteht, so müssen wir es uns erkämpfen. So entstand die Bewegung, an der nach und nach alle Frauen teilnehmen werden: hemmend oder fordernd je nach Verständnis, Interesse oder Bedürfnis.

Die Frauen, deren geistiges Leben bisher als ziemlich seichtes Rieselwässerchen dahin geflossen ist, empfinden das Beglückende einer geistigen Bewegung und des Kampfes für ihr gutes Recht mit ungeahntem Entzücken. Das Erwachen zum Bewußtsein unser selbst, die Proben unserer Kraft und unseres Könnens machen uns so kampfesfroh, daß viele Frauen in ihrer Begeisterung für die gerechte Sache schon über das Ziel hinaus schießen, indem sie das Frauenstimmrecht verlangen.

Den nächsten Anstoß hierzu gab das neue, deutsche Bürgerliche Gesetzbuch.

Weibliche und männliche Juristen stimmen darin überein, daß die bezüglichen Paragraphen des neuen Gesetzes dem Recht der Frau in Ehe und Familie zu wenig Rechnung tragen. Das ist von Jenen, die das Recht im Staate zu vertreten und durch Gesetze zu ordnen haben, ungerecht. Die vieltausendstimmige Petition der deutschen Frauen hätte im Reichstage Gehör finden müssen, denn wir verlangten nur die Möglichkeit, daß jeder einzelnen Frau im einzelnen Fall, wenn sie sich auf den vorgeschriebenen Rechtsweg begiebt, ihr Recht werde. Die Petition hatte keinen Erfolg; aber aus dieser an uns Frauen verübten Ungerechtigkeit das Frauenstimmrecht ableiten zu wollen, ist bei dem heutigen Durchschnittsmaß von Frauenbildung doch ein verfrühter Gedanke, den die einzelne Vertreterinnen der Frauenbewegung nur zu lebhaft akklamieren.

Um in einer beratenden und gesetzgebenden Körperschaft erfolgreich stimmberechtigt teilnehmen zu können, dazu gehört ein weiterer Blick, von Erfahrung unterstützte tiefe Bildung, und Routine im öffentlichen Leben und Verkehr – und darüber werden im heutigen Deutschland wohl nur sehr wenige Frauen ausreichend verfügen. Denn außer den wenigen Paragraphen über Ehe- und Familienrecht, in denen die Frau naturgemäß und als zunächst beteiligt urteilsfähiger ist als der Mann, sind doch das Jahr hindurch noch viele andere Dinge Gegenstand der Beratung und Abstimmung im Reichstag, in denen wir Frauen mit unserem heutigen Wissen nicht mitsprechen können.

Aber nicht nur für die höchsten Ansprüche eines weiblichen Abgeordneten im Parlament sind wir nicht gerüstet, auch für Wähler sind wir noch nicht reif genug.

Wer die Tragweite gewisser politischer Vorgänge nicht kennt, wer nicht weiß was finanzielle, verkehrstechnische, industrielle, wissenschaftliche Fragen und Unternehmungen für Bedeutung gewinnen können – wer die Telegramme einer Zeitung ohne Leitartikel nicht versteht – soll nicht den Anspruch machen, stimmberechtigt und wahlfähig zu sein. Ich möchte den Einwurf der curagierten Frauenstimmrechtlerinnen, daß auch eine große Anzahl von Männern ohne Verstand und Verständnis von ihrem Stimmrecht Gebrauch machen, nicht gelten lassen. Nicht nur weil der Mann das Stimmrecht hat, soll die Frau es zu erlangen suchen und eigensinnig die Gleichheit zwischen Mann und Frau durchsetzen wollen. Das politische ist ein Gebiet, auf dem die deutsche Frau vorläufig noch nicht im stande wäre, ihr Recht nützlich zu gebrauchen. Daraus ist uns kein Vorwurf zu machen, denn die Politik ist ein großes, kompliziertes Interessengebiet, dem wir bisher absichtlich fern gehalten wurden und in das auch höchst gebildete und begabte Männer sich einarbeiten müssen, um etwas zu leisten.

Wir Frauen sollten deshalb heute noch gar keine Befriedigung darin finden, nur stimmen und wählen zu können wie jene Unfähigen und Ungebildeten unter den Männern, die ohne Überzeugung und ohne eigene Initiative an die Wahlurne treten. Wir wollen uns auch im Wahlkampfe nur mit den Besten des Volkes messen – aber das können wir heute noch nicht.

Darum soll in der Begeisterung für unsere Rechte keine Übertreibung eintreten, keine Überschätzung unserer Leistungen platzgreifen. Wir müssen unseren Weg langsam gehen. Erst wenn wir geistig den gleichen Entwickelungsgang durchgemacht haben werden wie der Mann, sollen wir anfangen auf unsere politischen Rechte Anspruch zu erheben. Wenn heute schon das Frauenstimmrecht in Deutschland eingeführt würde, so würde das wahrscheinlich gar keine Veränderung im Wahlbilde hervorrufen, denn die Frauen würden in ihrer politischen Urteilslosigkeit und Unselbständigkeit nur im Sinne der Männer des Kreises, dem die Einzelne angehört, wählen. Es würden also nur mehr Stimmen abgegeben werden, ohne daß man mehr oder andere Meinungen zu hören bekäme. Ein solches übereiltes Vorgehen wäre aber für die gesamte Frauenwelt von großem Schaden.

Im verfrühten Besitz des höchsten bürgerlichen Gutes, dessen sie sich in Zukunft würdig zu zeigen hat, würde sie es gar leicht versäumen, jenen einzigen Bildungsgang einzuschlagen, der die Frau zu der berechtigten Gleichheit mit dem Manne fuhrt.

Entgegnung

Von Marie Stritt in Dresden

Die Scheingründe, die gegen das Frauenstimmrecht nicht bloß von ehrlichen Gegnern, sondern auch von vorsichtigen Freunden der Frauenbefreiung (von ersteren konsequenter-, von letzteren inkonsequenterweise) geltend gemacht werden, sind stets die gleichen, längst bekannten, bis zum Überdruß wiederholten, es können also vorläufig auch die gegen diese Scheingründe, *zu Gunsten*des Frauenstimmrechts vorgebrachten Argumente nur auf längst Bekanntes, bis zum Überdruß Wiederholtes hinauslaufen. Aber »der Irrtum wiederholt sich so oft in der That, daß man das Wahre immer wieder in Worten wiederholen muß« zumal, wenn sich eine so günstige Gelegenheit dazu bietet, wie in den obigen Ausführungen.

P. Berthold nennt die Forderung des Frauenstimmrechtes, die auch bei uns in Deutschland – und zwar nicht erst in letzter Zeit und nicht bloß infolge der ungünstigen Resultate der Agitation gegen das neue Familienrecht – von einzelnen zielbewußten Frauen und Männern erhoben wird, eine »sportartige Übertreibung«. Dieser Ausdruck ist, selbst von ihrem Standpunkt, nicht glücklich gewählt. Die Notwendigkeit des Stimmrechtes muß sich als selbstverständliche, einzig richtige und logische Konsequenz unserer Bestrebungen allen denen von selbst aufdrängen, die sich ernsthaft und gründlich mit der Frauenfrage, mit Wesen und Bedeutung, Ausgangspunkt und Ziel der Bewegung beschäftigen. Daß P. Berthold wohl den Ausgangspunkt – die materielle Notlage des weiblichen Geschlechtes – aber schwerlich *das Ziel*– die Befreiung der Frauenpersönlichkeit von allen ihre Entwickelung hemmenden wirtschaftlichen, sozialen und geistig-sittlichen Fesseln und Gedanken kennt, daß sie offenbar nur ein ganz eng und niedrig gestecktes Ziel gelten läßt, das beweist die bei dieser Gelegenheit auch von ihr angewandte bekannte und beliebte Redensart »von über das Ziel hinausschießen«.

P. Bertholt kennt aber auch die *Geschichte*der Frauenbewegung nicht, sonst müßte sie wissen, daß in England, Nordamerika, Skandinavien u.s.w. …, überall, wo die Frauen zielbewußt, energisch – und erfolgreich für die Befreiung ihres Geschlechtes, und also auch für uns deutsche Frauen *vorbildlich*gewirkt haben, auf die Forderung des aktiven und passiven Wahlrechtes *von Anfang an*das Hauptgewicht gelegt wurde, diese Forderung sozusagen die Basis aller übrigen Forderungen bildete, in der richtigen Erkenntnis, daß die Gewährung des Stimmrechtes zugleich die Gewährung aller anderen berechtigten Forderungen der Frauen in sich schließt, während ohne ihre vollen Bürgerrechte die Frauen sich im besten Falle mit »milden Gaben«, mit kärglichen Abschlagszahlungen auf ihr gutes Menschenrecht begnügen müssen.

Und die Bestrebungen dieser ernsten, zielbewußten Frauen, der edlen, vorurteilslosen Männer, die ihnen in den ungewohnten Kämpfen die Wege wiesen und zur Seite standen, nennt P. Berthold »sportartige Übertreibungen«, will sie auf »Eitelkeit und verwandte Motive« zurückführen. Eine so gehässig-feindselige Auffassung würde bei einem ausgesprochenen Gegner begreiflich sein – obgleich auch der curagierteste Gegner der Frauenbefreiung mit Recht Anstand nehmen würde, die unsterblichen Verdienste eines John Stuart Mill für – Eitelkeitssport zu erklären. Von einer Frau, die *Sympathie*für die *Bestrebungen ihres Geschlechtes*zur Schau trägt, ist dieser Ausdruck einfach unverzeihlich.

Die *Forderung*des Stimmrechtes bedeutet übrigens noch lange nicht dessen *Gewährung*– diese Erwägung dürfte selbst die ängstlichsten Gemüter beruhigen. Der Umstand aber, daß der Kampf um dieses Recht überall der langwierigste und hartnäckigste ist, daß er nur erst in wenigen Fällen zum Siege geführt hat, spricht sicher nicht gegen, sondern für diese Forderung, denn er ist der beste Beweis, daß die Gegner derselben ihre eminente Tragweite ebenso gut kennen, wie die Frauen selbst – er spricht ferner dafür, daß es im Hinblick darauf auch für die deutsche Frauenbewegung die höchste Zeit ist, diese Forderung in ihr Programm aufzunehmen und den unausbleiblichen Kampf, der sich auch im Lande der Dichter und Denker nicht rascher vollziehen wird, wie anderswo, wenigstens zu *eröffnen* .

Nicht sowohl mangelnde Einsicht, als vielmehr eine übertriebene, stellenweise recht unvorsichtige – Vorsicht hat so manche Vertreterinnen der deutschen Frauenbewegung bisher zurückgehalten, sich offen zu den letzten, natürlich auch von ihnen längst gezogenen Konsequenzen derselben zu bekennen – wie mir scheinen will, *nicht eben zum Vorteil*der Bewegung, die dadurch lange Zeit nicht recht ernst genommen wurde und – unverdienterweise – in den Ruf eines »seichten Rieselwässerchens« gekommen ist. Mit Recht aber konnten kluge, einsichtige und ehrliche Freunde unserer Sache den Vorwurf der *Halbheit und Inkonsequenz*gegen uns erheben – die Einsicht und Ehrlichkeit derer, die unsere diesbezügliche »weise Mäßigung« priesen, ist höchst zweifelhaft –, während bei der großen, urteilslosen Menge nur zu häufig ganz verworrene und verwässerte Begriffe über die Frauenbestrebungen entstehen mußten.

Selbstverständlich zieht auch P. Berthold die soziale und politische *Unreife* , die sie auf das geringe Durchschnittsmaß der Frauenbildung zurückführt, als Hauptargument gegen das passive und aktive Wahlrecht an. Dies ist ebenfalls weder neu noch originell. – Neu und originell – und unerhört ist dagegen die Forderung, die sie gegen den leicht vorauszusehenden Einwand: daß ja das männliche Geschlecht diese »Reife« ebenfalls noch nicht durchgängig besitze – aufstellt: » *Wir wollen uns auch im Wahlkampf nur mit den Besten des Volkes messen!* « Nein, geehrte Frau, das wollen wir nicht! Dies wäre ebenso ungerecht gegen unser eigenes Geschlecht, wie thöricht anmaßend gegen das männliche. Das wäre die verhängnisvollste »Übertreibung«, und eine geradezu unglaubliche »Überschätzung unserer Leistungen« und Fähigkeiten. Mit den Besten werden sich immer nur – die Besten messen können. Übrigens handelt es sich in dieser Frage um ganz andere Dinge als um ein von falschem Ehrgeiz diktiertes »Sichmessenwollen«. – Wie, wir lachen über die Faseleien engherzig-beschränkter Weisheitserbpächter, die uns das Recht akademischer Bildungsfreiheit nicht zugestehen wollen, weil »Frauen bisher nur in seltenen Ausnahmsfällen (einige sagen sogar: nie) das Höchste in der Wissenschaft (die man ihnen geflissentlich vorenthielt!) erreichen konnten,« – und wir selber sollten einen solchen ganz unmöglichen Maßstab an unser Geschlecht anlegen? Wann glaubt wohl Fr. Berthold, daß der Durchschnitt der armen Evastöchter diesen erhabenen Standpunkt erreichen, also nach ihrer Ansicht zur »Reife« gelangen können, und auf welche Weise?

Mir fällt hier ein originelles Geschichtchen ein, welches mir kürzlich in einer größeren mitteldeutschen Industriestadt erzählt wurde: Der Vorstand eines gemeinnützigen Frauenvereins hatte im Interesse der materiell, intellektuell und sittlich sehr tief stellenden, zumeist aus Fabrikproletariat bestehenden Bevölkerung die Errichtung von Kinderhorten beschlossen, und suchte zur Beschaffung der nötigen Mittel in den sogenannten besseren Kreisen für diese Idee Propaganda zu machen. Doch blieben die Bemühungen ziemlich erfolglos, da man den wackeren Frauen von verschiedenen Seiten entgegenhielt: man sei in B. für derlei neue Einrichtungen noch nicht reif. Sehr treffend bemerkte hierzu eine der so schnöde Abgewiesenen: »Wie, sind etwa die armen Proletarierkinder noch nicht vernachlässigt, noch nicht verwahrlost genug? Müssen sie noch immer mehr verwahrlosen, ehe sie für Kinderhorte reif werden?«

So möchte man auch unwillkürlich fragen: »Wie, geht es den Frauen, besonders der ungeheueren Masse des Arbeiterinnenproletariats noch nicht schlecht genug? Müssen sie noch weiter in materieller und geistiger Hörigkeit, in unwürdiger Geschlechtssklaverei verkümmern, noch weiter um ihre natürlichsten Menschenrecht verkürzt werden, ehe man sie für das Recht der Selbstbestimmung reif erklärt?«

Wie die Frauen in ihrer gegenwärtigen sozialen und gesetzlichen Abhängigkeit zu dem »gleichen geistigen Entwickelungs- und Bildungsgang wie der Mann« gelangen sollen, den sie für die unerläßliche Grundbedingung der politischen Reife unseres Geschlechtes, des Verständnisses »der Telegramme *ohne*Leitartikel«, »aller finanziellen, verkehrstechnischen, industriellen, wissenschaftlichen Fragen und Unternehmungen« erklärt, zu diesem Bildungsgang, der uns ja eben kraft der ausschließlichen Machtvollkommenheit des Mannes in Staat und Gemeinde *verwehrt*wird – das sagt Frau Berthold nicht. Sie spricht sich auch darüber nicht aus, welchen »Mann« und welchen »geistigen Entwicklungsgang« sie hierbei eigentlich im Auge hat. Doch dürfen wir wohl annehmen, daß sie den sog. höheren, den akademischen Bildungsgang meint, denn bekanntlich besteht zwischen dem Bildungsgang des einfachen Arbeiters und dem der Arbeiterin – in beiden Fällen die Bezirksschule – kaum ein nennenswerter Unterschied, während der Unterschied zwischen

Bezirksschule und Universität, ebenso wie zwischen höherer Töchterschul- und Universitätsbildung ein ganz enormer ist.

So wünschenswert es nun aber auch sein mag, daß dieser Unterschied sich mehr und mehr ausgleichen, die tiefe Kluft sich wenigstens in Bezug auf die begabten Männer und Frauen überbrücken möge, daß vor allen Dingen dem weiblichen Geschlechte die Pforten der Hochschulen geöffnet, und die Ausübung aller wissenschaftlichen Berufe bedingungslos freigegeben werde, so ist wohl kaum daran zu denken, daß sich dies jemals in vollem Umfang verwirklichen wird, ehe nicht die Frauen selber ein Wörtchen in der Sache mitzureden haben. Außerdem aber und dies scheint mir der Kernpunkt der ganzen Frage – ist es überhaupt ein schwerer und verhängnisvoller Irrtum, anzunehmen, daß durch die akademische Bildung etwa schon die soziale und politische Reife erworben werden könne. Man wäre angesichts so mancher Parlamentsverhandlungen, die ja glücklicherweise auch wir Frauen verstehen können – sogar ohne Leitartikel-Kommentar! – beinahe versucht, das Gegenteil anzunehmen, nämlich, daß die erstere die letztere unter Umständen *beeinträchtigt* . Die sozial, politisch und parlamentarisch bestgeschulte, also die *reifste*Partei ist heute ohne Frage – mag man nun ihren Standpunkt ganz bedingt oder gar nicht teilen – die Arbeiterpartei. Sehr richtig sagte daher der Herausgeber dieses Blattes in seinem Artikel »Universitätsausdehnung in Berlin«: »Zur Bildung des politischen und sozialen Urteils gehören doch nicht Physik und Chemie und Geologie, sondern in erster Linie der Einblick in die kulturellen Voraussetzungen und Tendenzen der Gegenwart«, und an anderer Stelle: »Unseres Erachtens hätten heute die Arbeiter ein viel tieferes Recht, eine soziale Hochschule für Professoren zu gründen, um diesen hochachtbaren, aber durch soziale und politische Klassenvorurteile dichtverschleierten Gelehrten einen Einblick in die wirklichen Seelenzustände und Lebensverhältnisse des modernen Arbeiters zu geben, damit das Stimmrecht und die politische Bethätigung der Universitätsprofessoren ›nicht zu ganz schwankenden und unberechenbaren Zuständen fuhren soll‹.«

Wie aber haben sich die Arbeiter ihre soziale und politische Reife für das aktive und passive Wahlrecht erworben? Einzig und allein *durch das Wahlrecht* . Es giebt auch für uns Frauen keinen anderen Weg. *Je eher*wir ihn betreten, desto eher werden wir auch die

Schwierigkeiten und Unzuträglichkeiten überwinden, die sich im Gefolge jeder neuen Einrichtung, jeden Fortschritts anfangs einzustellen pflegen, die natürlich auch bei einer so fundamentalen Umgestaltung des sozialen Lebens, wie sie das *wirklich allgemeine* Wahlrecht mit sich bringen muß, unausbleiblich sind.

Die Bedenken unserer vorsichtigen Freunde in dieser Hinsicht scheinen mir jedoch übertrieben. So glaube ich, entgegen der Ansicht P. Bertholds, daß es heute schon im deutschen Reich eine beträchtliche Anzahl Frauen giebt, die auch über andere Dinge, als »die wenigen Paragraphen des Ehe- und Familienrechtes« nicht nur »mitsprechen«, sondern – wie beispielsweise in wirschaftlichen und in *sittlichen* , vor allem aber in allen die Angelegenheiten und Bedürfnisse ihres eigenen Geschlechtes betreffenden Fragen – sogar ein sachgemäßeres und kompetenteres Urteil besitzen, als der Durchschnitt unserer Abgeordneten. Zugegeben, daß in *reinpolitischer* Beziehung durch das Stimmrecht der Frauen *vorläufig* keine große »Veränderung im Wahlbilde« eintreten, daß die Mehrheit der deutschen Staatsbürgerinnen »im Sinne der Männer ihres Kreises« stimmen würde. Das wäre aber eben auch nur ein unvermeidliches Durchgangsstadium: »Es wächst der Mensch mit seinen größern Zwecken« – die Frauen würden sich im Bewußtsein ihrer Verantwortlichkeit aus ihrer anerzogenen Unselbständigkeit und Urteilslosigkeit sehr bald zu selbständigem Denken und Urteil erheben. Andere Veränderungen, sozialer und ethischer Natur, würden sich aber wohl *sofort* bemerkbar machen, eine Veränderung vor allem von ganz außerordentlicher, symptomatischer Bedeutung: Zugleich mit der ersten Frau, die als ernste Mitarbeiterin ernster Männer in die Hallen des Parlamentes einzöge, würden die frivolen Scherze, die würdelose »obligate Heiterkeit«, die sich bis jetzt immer einzustellen pflegten, wenn über Wohl und Wehe der Mütter der Nation entschieden wurde, aus diesen Hallen verschwinden, und dem Ernst, der Gewissenhaftigkeit und Gründlichkeit Platz machen, welche die wichtigsten Lebensfragen der größeren Hälfte des Volkes erfordern. Und so würden denn *durch* das Wahlrecht der Frauen nicht allein diese selbst, sondern auch die Männer immer reifer *für* das Wahlrecht werden.

Noch ein Wort zum Frauenstimmrecht

Von P. Berthold

(1897)

Die Entgegnung, die Frau Stritt mir auf mein in der Nr. 14 der E. K. ausgesprochenen Ansicht über Frauenstimmrecht gab, ist ein Beweis, daß Theorie und Praxis sich oft gegenüber stehen, scheinbar als ließen sie sich nie vereinigen. Doch hat ein übereiltes, überlautes Betonen einer Theorie ihrer Praxis schon oft großen Schaden zugefügt. Daß Frau Stritt in Verkennung der vorhandenen Thatsachen sich darüber erregt, daß nicht jeder die Dinge nur so sieht, wie sie sein sollten, ist psychologisch nicht unerklärlich. Frau Stritt lebt in einem relativ kleinen Kreise von Frauen, in dem in Bezug auf Frauenfrage im Augenblick nichts Neues mehr gesagt und geschrieben werden kann, ein Kreis gebildeter, weitblickender Frauen, in dem die Frauenfrage theoretisch gelöst ist, und die folgerichtig beim Frauenstimmrecht angelangt sind. Mein Berufs- und Pflichtenkreis als Leiterin eines Mädchen-Waisenhauses sowohl als meine Beobachtungen in der sogenannten guten Gesellschaft lehren mich täglich, daß der weitaus größte Teil der Frauen noch keine Ahnung davon hat, daß ein kleiner Prozentsatz ihrer »Geschlechtsgenossinnen« für sie im Kampf steht und welcher Art dieser Kampf ist. Die Reife und Kampffähigkeit der Frau besteht auch meiner Ansicht nach nicht in ihrem Bildungsgrade sondern in ihrer Fähigkeit selbständig zu denken und zu urteilen. Der Glaube an die männliche Autorität muß einer individuellen Auffassung der Dinge überhaupt weichen und damit ein Urteil auch in politischen Dingen vorbereiten.

Als die berühmte Frauenpetition in meine Hände gelegt war, damit ich Unterschriften sammeln sollte, da legte ich sie erst einer Reihe von Damen vor, die sich Alle vorsichtig weigerten, sie zu unterzeichnen (Eine wollte es thun vorbehaltlich der Erlaubnis ihres Mannes!) Nachdem ich dann einer kleinen Versammlung von »Frauen aus dem Volke«, Näherinnen, Schneiderinnen, Putzfrauen ec. den Zweck der Petition erklärt hatte, unterschrieben diese sie, »Weil es doch nichts schaden kann«, weil sie nichts zu verlieren hatten,« und weil sie in mich das Vertrauen setzten, daß ich ihnen

»nur gut raten« würde. Wie viele Unterschriften sind auf diese Art zu stande gebracht worden, für diese Petition, die dann als »ein vieltausendstimmiger Aufschrei aus dem Herzen der deutschen Frau« dargestellt wurde. Wie würden diese Frauen sich mit einem Wahlzettel in der Hand verhalten?

Die meisten Frauen stehen in sozialer Beziehung noch auf dem Punkte ihrer Entwickelung, daß sie auf ihre nächsten Pflichten hingewiesen und für ihre höchsten Pflichten erzogen werden müssen. Als Erziehungsmittel für die Arbeiterin nenne ich eine aufklärende Propaganda über die nächstliegenden Ziele der Frauenbewegung (gleiche Arbeit, gleichen Lohn ec.) Organisation zu Gewerkschaften und Anbahnung eines Vereinslebens; für die besitzende Frau: Vereinsleben und Arbeit an einer großen, möglichst centralisierten Armenpflege. – Also Propaganda der That im besten Sinne; für beide mit einander der beständige, unermüdliche Hinweis darauf daß die Arbeiterin und die Bürgersfrau in der Erziehung des heranwachsenden Geschlechtes gleiche Leiden, gleiche Freuden und gleiche Pflichten habe.

Ich glaube nicht, daß dieses mein Programm »die Entwickelung der Frauenpersönlichkeit hemmt« oder uns zu niedere Ziele steckt, wie Frau Stritt fürchtet, ich glaube aber, daß der vorzeitige Gedanke an politische Freiheit, aktives und passives Wahlrecht, viel Unheil anstiften kann. Die oberflächlichen Frauen werden ihn unverstanden auffangen und darüber fruchtlos schwatzen, die unter guter Leitung leistungsfähigen und leistungswilligen Frauen werden, in der ehrlichen Einsicht einer zu großen Anforderung, sich geistig in ihr Schneckenhaus zurückziehen.

Wer sich bemüht, seine Kinder nach ethischen Prinzipien zu erziehen, wird ihnen, so lange sie in ihrem Denken noch unreif sind, Blätter und Schriften, die pädagogische oder ethische Streitfragen behandeln, nicht zu lesen geben, weil unverstandene, halb- oder gar mißverstandene Weltweisheit dem jungen Menschen sehr ungesund ist. Deshalb können und sollen aber Eltern und Erzieher sich doch über die letzten Ziele ihres Strebens aussprechen und verständigen.

Ebenso in der Frauenbewegung.

Den Führerinnen der Frauenbewegung mag als letztes Ziel unser Stimmrecht vorschweben; aber in dieser Beziehung heute schon Forderungen aufzustellen und Propaganda machen zu wollen, ist sicher verfrüht. Die Frauen müssen erst sehen und lesen, hören und sprechen lernen – zielbewußt und selbständig. Ernst, Gewissenhaftigkeit und Gründlichkeit sind nicht spezifisch männliche Eigenschaften, die man sich erst auf dem Forum aneignet, sondern Tugenden, die Mann und Frau gleicherweise vom Hause auf die Öffentlichkeit überträgt.

Erst wenn der *größere*Teil der deutschen Frauen aus dem Stadium des Erzogenwerdenmüssens in das Stadium der Selbsterziehung getreten ist, dann mögen sie daran gehen ihre politischen Rechte in Anspruch zu nehmen. Solange aber die besten und strebsamsten der deutschen Frauen und Führerinnen einer Partei noch nicht so viel Selbstzucht erworben haben, daß sie eine Debatte nicht ohne persönliche Ausfälle führen können, geben sie sich selbst das Zeugnis politischer Unreife.

»Es giebt keine Kinder mehr«

Von P. Berthold

(1897)

Unserer Zeit wird viel Schlimmes nachgesagt; mit zu dem Schlimmsten gehört wohl der oft wiederholte Ausspruch: »Es giebt keine Kinder mehr.« Dieses Verdikt wird jedoch meist mit solchem Gleichmut gesprochen, daß deutlich aus demselben hervorgeht, wie der Abbruch an Glück, Wonne und einfacher Daseinsfreude, den es im Menschenleben bedeutet, gar nicht mehr empfunden wird.

Wer soll sorglos, heiter ohne Fragen und Grübeln sich des Lebens freuen wenn nicht die Kinder, bevor sie in die Reihen der Kämpfenden treten müssen? Zum Glück giebt es eine Zeit, in der das Häßliche, das Abschreckende, das niederschmetternd Schlechte, das nicht aus der Welt geleugnet werden kann, den Erdenbürgern noch wie durch eine sonnenbeschienene Wolkenschicht entrückt ist. Es giebt eine Zeit, in der keine absichtlich errichtete Scheidewand die Weite des Blickes einnimmt, sondern in göttlich engem Gesichtskreis alles in rosiges Licht getaucht ist. Die Kindheit ist diese Zeit, in der alle Menschen unbekümmert gleich glücklich sein können, weil Wunsch und Befriedigung und Genüsse für alle (? d. Red.) gleich erreichbar sind. Diese schönste Zeit menschlichen Daseins mit ihrem charakteristischen Inhalte von Glückseligkeit sollte für so Viele aufhören müssen? Freilich, wenn man heute von so vielen kleinen, jungen Menschen Äußerungen und Antworten hört, so umfassend altklug und so traurig gescheit, da muß man auf die Idee kommen, daß sich das Kinderparadies immer mehr verschließt und mit berechtigter Angst darf man deshalb die Frage stellen, wo ist die Erklärung – nein, wo ist die Schuld für diese Erscheinung zu suchen? Das Menschengeschlecht in seiner Entwickelung ist Veränderungen unterworfen, die heute hauptsächlich in einem überhastenden Vorwärtsdrängen Ursache und Ausdruck finden. Durch die nach jeder Richtung hin größer gewordenen und noch immer größer werdenden Ansprüche, die das Kulturleben der Menschen an die Kräfte und Fähigkeiten des Einzelnen stellt, muß die Entwickelung zum modernen Menschen schon in frühester Jugend beginnen.

Vererbung erworbener Fähigkeiten und die notwendige Anpassung an den Sturmschritt der Zeit bedingen es zweifellos, daß der Mensch heute die Kinderschuhe früher auszieht, um sie, wenn er irgend kann, mit Siebenmeilenstiefeln zu vertauschen.

Wenn man also in den hartbedrängten Arbeiterklassen, in den Familien der Handwerker und Kleingewerbetreibenden, wo oft Not und Mangel dem Dasein den Stempel aufdrückt, wenn man dort zuerst und häufig die Beobachtung machen konnte, daß es keine Kinder mehr giebt, wenn dort das im zartesten Alter stehende Geschlecht schon durchschnittlich alt und altklug mit überlegter Resignation in's Leben schaute, dann könnte man zur Begründung dieser Erscheinung von einem allgemeinen, unabänderlichen Zuge der Zeit sprechen, gegen den sich aufzulehnen wenig ersprießlich wäre.

Es ist sicher, daß man in jenen bedrücktesten Gesellschaftsschichten oft Kindern begegnet, die physisch und moralisch in Schmutz und Elend geboren sind, deren ganze Erscheinung infolgedessen wenig Kindliches mehr aufweist und deren Ausdruck und Wesen schon auf den ersten Blick verrät, daß sie in der kurzen Zeit ihres Daseins schon zu viel von den Nachtseiten des Lebens gesehen haben, als daß sie harmlos, froh und fröhlich hätten bleiben können.

Aber neben diesem geringen und dennoch traurig großen Prozentsatz von verkümmerten Kinderexistenzen begegnet man gerade in der kinderreichen Arbeiterklasse meist Kindern, die, wenn sie gesund und satt sind auch wirklich fröhliche, glückliche, unbefangene, meist ungezogene aber dafür auch unverzogene Kinder sind. Das Hauptmerkmal ihrer Kindlichkeit und ihres Glückes ist, daß sie spielen. Sie verstehen mit allem zu spielen: mit Schnee und Regen und Wind, mit Papierfetzen, Garnrollen, Orangenschalen, mit den undenklichsten Dingen spielen sie und singen und pfeifen fidel ihre Gassenhauer dazu. Diese Kinder springen und tanzen auf zerrissenen Sohlen, sie klettern und schlüpfen in ungebändigtem Neugiersdrang dahin, wo sie das größte Unheil anstellen können; sie balgen sich und schimpfen so naturalistisch wie nur möglich – aber, wenn man so einem Kerlchen einen Apfel schenkt, dann lacht er über sein ganzes verschmiertes Gesichtchen und beißt auch flugs hinein. Ja, der kleine Gassenbub freut sich an einem Apfel, weil er immer eßbereit ist, weil er selten einen Apfel bekommt und weil er ein Kind ist, das sich unbefangen einem Genuß, einer Freude hingiebt. –

Für die armen Kinder der reichen Leute giebt es so einfache Freuden nicht mehr. Es gehört zu den Privilegien der privilegierten Klassen, daß sie mit Recht sagen dürfen: es giebt keine Kinder mehr. Daß es aber dort keine Kinder mehr giebt, liegt nicht daran, daß der Zug der raschlebigen Zeit die Kleinen daran hinderte sich in Glück und Harmlosigkeit auszuleben, sondern daran, daß man die Kinder der sogenannten besseren Gesellschaftsklassen systematisch ihrer Kindlichkeit, ihrer Unbefangenheit beraubt.

In Sammtkleidchen, Glacéhandschuhen und gelben Stiefelchen wandeln die kleinen, bleichwangigen Greise ehrsam durch die Anlagen und Promenaden der Städte und wissen nicht, daß sie betrüblich unangenehm sein müssen weil sie nicht natürlich artig oder auch unartig sein dürfen. Seitdem Pestalozzi und Fröbel behauptet haben, das Kind sei wie eine Pflanze, die beständig gehütet, gepflegt, beobachtet werden müsse, wird an der jungen Menschenpflanze von ihrem ersten Atemzuge an gegärtnert.

Nun giebt es zwar auch Wald-Wiesenblumen, die gerade wenn man sie ihrem Erdreich und der Natur überläßt, am lieblichsten gedeihen, aber diese fallen außerhalb des Bereiches der gärtnerischen Betrachtungen. Es giebt auch Topf- und Ziergewächse, die einer besonderen Pflege bedürfen; aber in beiden Fällen hat man es mit lediglich vegetierenden Organismen zu thun. Da, wo der Fröbelsche Vergleich zu hinken anfängt, da wo das Kind nicht Pflanze ist, sondern seinem Gärtner gleich ein denkender, beobachtender Mensch, da beginnt auch die Fröbelsche Methode große Nachteile zu haben. Die Pflanze nimmt ganz unbewußt des Gärtners Sorge und Mühe hin und wenn Sonnenschein und Regen zur rechten Zeit kommen, dann entwickeln sich die Blätter und Blüten, gleichviel ob der Gärtner den Forschritt, den die Pflanze macht, in irgend einer Weise ignoriert oder konstatiert.

Die modernen Mütter mit ihren Beraterinnen, den Kindergärtnerinnen, begnügen sich nicht damit, still und stillfreudig die Fortschritte eines Kindes zu beobachten. Sie konstatieren alle Beobachtungen laut, sprechen in Gegenwart des Kindes von ihm und über das Kind. In einem Atem rügen und belachen sie seine Unarten und erzählen sie weiter, – kurz, statt das Kind ruhig seiner Eigenart entgegen leben zu lassen, beeinflußt man beständig sein sich entwickelndes Bewußtsein, indem man es auf sich selbst aufmerksam macht. Keine Fähigkeit, keine Regung kann in dem Kinde erwachen und sich erschließen, ohne daß lärmend darauf hingewiesen würde und damit wird das Köstlichste in der Kinderseele, die Unbefangenheit, im Keime getötet. Auch wenn Kinder nicht so gescheidt sind, wie die Mütter fast ausnahmslos glauben, merken sie bald, daß und in welcher Weise man sich mit ihnen beschäftigt und lernen auch sehr rasch eine günstige Situation nach ihrem Behagen ausnützen.

Ein Kind soll natürlich physisch und moralisch behütet und bewacht werden, es soll aber nie merken, daß es beobachtet wird; es soll seine eigene Person nie als Mittelpunkt eines Kreises, als Wichtigkeit fühlen. Aber wie früh erfahren die modernen Babies, daß sie wichtig sind! Schlaf und Erwachen, Nahrung und Verdauung, Schreien und »Liebsein« der kleinen Weltbürger bilden weit über die Kinderstube hinaus den Gesprächsstoff des Hauses. Für die Straße wird das Kind so elegant und üppig als möglich herausgeputzt, und wenn dann die eleganten Wagendecken und Spitzenhäubchen, die grellfarbigen Mäntel, die Federhüte und überlebensgroßen Matrosenkragen die Aufmerksamkeit und das Erstaunen naiver Passanten erwecken, dann denkt jede Mutter und leider nur auch zu bald jedes Kind, es sei ein Wunderwerk der Schöpfung. Das natürliche Sträuben gegen Handschuhe und ähnliche, die freie Bewegung hemmende Modequälereien gewöhnen sich die Prinzen und Prinzessinnen gar rasch ab, denn die beständig aufgestachelte Eitelkeit lehrt sie diese Dinge schätzen und mit mitleiderregender Grandezza, die nur im Affentheater erheiternd wirkt, wandeln die Bübchen und Mädchen im Banne der modernen Erziehung einher. Ja, man kann Mitleid mit den Kindern haben, die so sinnlos ihrer Freiheit beraubt werden, aber noch bedauerlicher ist es, daß diese Spitzen und Stickereien, diese Pelzchen, Kettchen und Bröschchen sich im Leben der künftigen Staatsbürger zu Wällen häufen, die schon frühzeitig die Annäherung zwischen den besitzenden und den Minderbemittelten erschweren. Die feinen Püppchen lernen »die armen Kinder« gar bald von weitem kennen, daran, daß diese im Winter blaugefrorene Hände haben und Kopftücher und Mützen über die Ohren, und im Sommer verwaschene Kattunkittelchen und keine Sonnenschirme tragen. Sie setzen sich, wie sie belehrt worden, nicht mit armen Kindern auf eine Bank, denn »Gott weiß, was man von ihnen kriegen kann«. Sie schenken ihnen herablassend mit ausgestrecktem Arm Chokolade und Bonbons, die zu alt oder nicht fein genug sind, als daß das »Fräulein« ihren Zöglingen erlaubte, sie zu essen, und weiden sich an den erstaunten, oft neidischen Blicken der kleinen Proletarier.

Jung gewohnt, alt gethan. –

Es gab Zeiten, in denen ein Spaziergang für Kinder eine Freude war. Das war damals, als das Spazierengehen noch nicht zu den täglichen, drückend langweiligen Pflichten der Kinderstube gehörte. Wie müde schleppen sich die Kinder heute durch die Anlagen und Promenaden; Springbrunnen, Fischteiche, Blumen, blühende Bäume, Hunde, Reiter, Soldaten, nichts macht mehr einen Eindruck auf sie. Teilnahmlos gleiten die braunen und blauen Kinderaugen über all das hin, woran sie täglich 1 - 2 mal vorübergezerrt werden, und die blassen Lippen der blasierten Geschöpfchen fragen nicht selten: »dürfen wir heute zuhause bleiben«? Und wenn die Kinder zuhause bleiben »dürfen«, dann giebt's im Zimmer auch keine rechte Luft, denn diese Kinder können nicht spielen. Sie können nicht spielen, weil sie zu raffiniertes Spielzeug haben, das ihrer Phantasie keinen Spielraum mehr läßt, und weil man die Unglücklichen auch niemals allein ohne Erwachsene spielen läßt.

Kein »Fräulein«, und sei es noch so kinderlieb, kann die Sprünge der kindlichen Phantasie ganz mitmachen, darum stört sie immer und meisten, wenn sie glaubt, das Kind beständig korrigieren und belehren zu müssen. Kinderspiele darf man belauschen, wenn man sich *selbst* eine reine Freude machen will, aber man darf nicht mit täppischer Hand in die zarten Kreise greifen. Was dem Erwachsenen komisch erscheint, ist im Kinderspiel heiliger Ernst, der durch ein unwillkürliches Lächeln schon vernichtet werden kann. Wenn Kinder merken, daß man ihr Spiel beobachtet, dann hören sie entweder auf, zu spielen oder sie spielen bewußt weiter – d.h. sie führen eine kleine Komödie auf.

Hand in Hand mit dem beständigen, aufdringlichen Belehren und Erziehen in der Kinderstube geht ein weiteres Attentat auf den harmlosen Frohsinn der Kinder, das ist die Hygiene.

Die Gesundheit ist ein Gut, das Jedermann nur dann und nur so lange recht genießt, als man sich ohne Gedanken und Befürchtung einer möglichen Störung dem Genusse hingiebt. Deshalb ist auch die gedankenlose, von keiner Krankheits-Erfahrung getrübte Zeit der Kindheit diejenige, in der man sich seiner Gesundheit am besten freuen kann. Wenn nun die liebenden Eltern und Erzieher sich damit begnügten, den Kindern gegenüber die Wissenden zu sein und stillschweigend oder nur durch ein mahnendes oder befehlendes Wort die Gesundheit der Kleinen zu hüten, dann wäre gegen die Hygienie im Kinderzimmer nichts einzuwenden. Aber auch hier Bewußtsein statt Harmlosigkeit und Unbefangenheit. Es ist tragikomisch, wie gebildet diese kleinen Leute sind. Schwindsucht, Diphteritis, Scharlach mit seinen möglichen Folgekrankheiten und nicht zuletzt Nervosität sind ihnen geläufige Begriffe, und die stets genährte Angst für das eigene teure Ich zieht einen geradezu verletzenden Egoismus groß. Daß bei Tisch die 10 und 12jährigen Herren und Damen ihre Weisheit leuchten lassen, daß sie genau wissen, was nahrhaft ist, was fett macht, daß sie über die Wirkung von Milch, Kakao, Obst u.s.w. ganz genau unterrichtet sind, wäre noch kaum zu tadeln, wenn es nicht das Bild des kleinen Hypochonders vervollständigte. Doch all das ergiebt sich als Wirkung von dem Begriff übergroßer Wichtigkeit seiner Person, die dem Kinde anerzogen wird; dadurch muß es vorzeitig alt, unkindlich und unfroh werden. Sehr bezeichnend für die Art und Weise, wie man heute Alles daran setzt, um den kleinen Lieblingen ihr schönes Reich und Erbe zu verderben und zu schmälern, ist die Art des geselligen Verkehrs unter den modernen Kindern. Visitenkarten, Einladungen und Absagungen, Bälle und Kaffeegesellschaften bilden ein Miniaturbild der großen Geselligkeit mit all ihren Auswüchsen von Eitelkeit und Verlogenheit, nur daß die Kinder, die so früh anfangen, es noch viel weiter bringen können in der modernen »Kultur«.

Wenn man nun Kinder wirklich lieb hat und sieht, wie das Beste, Teuerste auf der Welt zur Karrikatur verzerrt wird, da kann einen manchmal ein gar mächtiger Zorn anwandeln über die Urheber der zerknitterten Kindlichkeit, die verwundert, kopfschüttelnd sagen: »es giebt keine Kinder mehr«.

Gemäßigte und radikale Frauenbewegung

Von P. Berthold (Frankfurt a. M.)

1899

Diejenigen, die einer Partei angehören und darum parteiisch sind, können es meist gar nicht begreifen, daß es Menschen geben kann, die lange Zeit lebhaftes Interesse für gewisse soziale Regungen und Bewegungen haben, sogar an einzelnen Arbeitsgebieten teilnehmen können, ohne Gelegenheit zu haben, die Parteien als solche kennen zu lernen und darum unparteiisch geblieben sind. Von solch parteilosem Standpunkt aus betrachtet bot der Königsberger Frauentag (vom 1. bis 4. Okt.) und im Anschluß an diesen die Delegiertenversammlung der Vereine »Frauenwohl« in Berlin (vom 5. bis 7. Okt.) ein sehr schönes, man könnte fast sagen großartiges Bild der deutschen Frauenbewegung. Mit langsamer, feierlicher Sicherheit, eingeleitet und begleitet von allerlei bürgerlichen Ehren wurde in Königsberg der Frauentag abgehalten zugleich mit der 20. Generalversammlung des Allgemeinen Deutschen Frauenvereins. Die Leitung der ganzen Veranstaltung lag in den Händen jener Frauen, die seit Jahrzehnten autodidakt und mit Gegnerschaften aller Art kämpfend vorwärts gedrungen waren, bis sie endlich einen Höhepunkt erreichten, der ihnen heute nicht nur das für die größere Hälfte des Menschengeschlechts erstrebenswerte Ziel deutlich zeigt, sondern auch schon einen schönen Rückblick auf gethane Arbeit gestattet.

In ihrer »Verteidigung der Rechte der Frau«, in dem Kapital über nationale Erziehung sagt Mary Wollstonecraft:

»Um den sozialen Aufbau im Gleichgewicht zu erhalten und um aufklärende Lehren zu verbreiten, von denen allein das bessere Schicksal der Menschen abhängig ist, muß es den Frauen gestattet sein, ihre Kraft in der Erkenntnis zu finden. Das kann aber erst geschehen, wenn sie an den Bestrebungen der Männer teilnehmen.«

Die Wege, um zu Erkenntnis und zu Einsicht zu gelangen, sind verschieden. Man kann von praktischen Erfahrungen ausgehend Regeln und Gesetze abstrahieren, die zu allgemeinen Grundsätzen führen, und man kann lediglich auf dem Wege der Spekulation zu demselben Resultate gelangen.

Der Allgemeine Deutsche Frauenverein ist seit Jahren den Weg der praktischen Erfahrung gegangen und jeden Fußbreit der neuen Bahnen für die Frau hat er in stetiger Arbeit errungen und verdient. Das Recht auf Arbeit, auf selbständigen Erwerb, das Louise Otto Peters als Deutsche zuerst auch für die deutsche Frau in Anspruch nahm, ist als Forderung langsam in der Bewegung lebendig geworden, die wir heute als Tendenz der sozialen Hilfsarbeit zu so bedeutender Wichtigkeit herangewachsen sehen. Auf diesem Boden der Arbeit, die den Zweck hat die Frauenwelt zur Selbsthilfe zu mobilisieren und sozialen Schäden vorbeugend und heilend zu begegnen, – auf diesem Boden stehend haben die Gründerinnen des Allgemeinen Deutschen Frauen-Vereins zuerst eine Frauenfrage in Deutschland geschaffen und fortschreitend eine Frauenbewegung herbeigeführt.

Generationen von Frauen und unzählige Frauen-Vereine sind seither von dieser Strömung, die von Leipzig ausging, erfaßt worden und sind die Wege gegangen, die sie als Resultierende zwischen individuellen und lokalen Einflüssen einschlagen mußten. Sie haben sich ihr Ziel teils näher teils ferner gesteckt, teils ideelle teils praktische Erfolge angestrebt und das Programm des Königsberger Frauentages bot in knappem Auszug ein Bild der umfassenden Thätigkeit und der weitgehenden Beeinflussung von Intelligenzen, die der Allgemeine Deutsche Frauen-Verein zu seiner Interessensphäre heranzuziehen verstanden hat.

Im Laufe der Verhandlungen und Versammlungen in Königsberg kamen ausnahmslos alle Gebiete zur Sprache, die in Sachen der Frauenfrage Mittel oder Zweck, Weg oder Ziel sein können: die Frau in der bürgerlichen Gemeinde, Rechtschutz und Arbeiterinnenschutz (Fabrikinspektion), Gymnasialbildung und Fortbildungsschulen für Mädchen, Bestrebungen zur Hebung der Sittlichkeit, Volksunterhaltung, Reform des Kostkinderwesens, Fürsorge für jugendliche Gefangene, Armenpflege, Erschließung neuer Erwerbsquellen für die Frau, – alle diese Gegenstände wurden entweder in Vorträgen und Referaten oder auch nur im Laufe lebhafter Diskussionen der Versammlung zu geistiger Anteilnahme vorgeführt und haben zweifellos in einen großen Kreis von Zuhörern und Zuhörerinnen neue Anregung getragen. Die Aufgabe, die ein solches Arbeitsprogramm an die Frauen stellt, das sich in seiner Zusammenfassung als das Streben der Frau nach politischer Freiheit in rechtlicher Gleichstellung mit dem Manne zusammenfassen läßt, ist eine so große, daß sie alle Kräfte für sich in Anspruch nehmen muß um in einheitlicher Front sich das Vorwärtskommen zu sichern.

Bei der Größe der Aufgabe und den vielfachen äußeren und inneren Schwierigkeiten, die sie darbietet, einerseits, bei dem aber von jedem Standpunkte aus sich gleichbleibenden letzten Ziel, ist die Thatsache einer Spaltung innerhalb der Frauenbewegung selbst eine sehr zu bedauernde Wahrnehmung.

Statt daß heute, wo das Verständnis für die Pflichten und Recht zu wachsen beginnt, statt daß heute alle Führerinnen ihren ganzen Einfluß daran setzen, das Interesse der großen Masse einheitlich auf die wichtigsten praktischen und idealen Ziele der Bewegung zu konzentrieren, statt einmütig zusammen zu stehen, sehen wir seit kurzem, wie innerhalb des Bundes der Deutschen Frauen-Vereine eine Anzahl von Vereinen im Begriffe stehen, sich unter der Führerschaft des Berliner Vereins »Frauenwohl« abzulösen, um als »Verband« gesonderte Wege zu gehen. Dieses Fähnlein von Streitern nennt sich gerne die »Radikalen« oder »Jungen« und blickt voll Geringschätzung auf die »Alten« oder »Gemäßigten«. Das Hühnchen verachtet das Ei, aus dem es geschlüpft ist.

Die Notwendigkeit der Gründung dieses Verbandes wurde in der Berliner Delegiertenversammlung in einigen »Thesen« dargethan, in deren erster »die kraftvolle Vertretung der neuen Ideen und der neuen Formen des Handelns« für den weiteren Fortschritt der deutschen Frauenbewegung gefordert wird.

Die »neuen« Ideen sind die Aufnahme der *Sittlichkeitsfrage* in das Programm der Frauenarbeit, die Forderung des *Stimmrechtes* , die Gründung von *Mädchengymnasien* resp. Mädchenrealschulen und die *Förderung des Arbeiterinnenstandes* durch eine gemeinsame Arbeit der bürgerlichen Frau mit der Arbeiterin.

Einige vorzügliche Rednerinnen beleuchteten mit Geist und Wärme die einzelnen Gegenstände; doch was sie sagten, war nur insofern neu, als sie verschwiegen, daß jede der »neuen« Ideen auch in Deutschland schon Vertreterinnen gefunden hatte.

Für die Sittlichkeitsfrage hat Frau Bieber-Böhm schon lange und viel gekämpft. Fräulein Mellien hat ihre Studien über Gefängniswesen und ihre Vorschläge zur Erziehung der Jugendlichen unter den Verbrechern schon vor 2 Jahren zur Weiterbearbeitung der Oeffentlichkeit übergeben. Die Forderung des Stimmrechtes für die Frau als Equivalent für die Erfüllung unserer bürgerlichen Pflichten ist als letztes Ziel allen Frauenrechtlerinnen ein vertrauter Gedanke; und der Hinweis des Vereines »Frauenwohl« auf die Notwendigkeit der Errichtung von Mädchengymnasien ist der Frauensache selbstredend sehr günstig, doch wenn in dem bez. Referat die Erfolge der *schon bestehenden*Mädchengymnasien ebenso wie diese selbst nicht ignoriert worden wären, hätte die Forderung noch bedeutend an Relief gewonnen.

Was nun die Aufforderung zur Organisation der Arbeiterinnen betrifft, so war es ein Mann, der der Frauenversammlung im Reichstagsgebäude die Beschämung ersparte, daß in Berlin dieser Gegenstand berührt wurde, ohne daß man der Frau gedachte, die die Arbeiterinnenfrage thatsächlich als *neue*Idee in das Programm der Frauenbewegung einführte, der Frau *Jeannette Schwerin* .

Vergleicht man unbefangen die beiden Arbeitsprogramme, wie sie sich in Königsberg und in Berlin zeigten, so muß man sie prinzipiell identisch finden, und man könnte zu der Annahme gelangen, die »radikale« und die »gemäßigte« Frauenbewegung stelle zwei Versuche zur Lösung der Frauenbewegung dar: die Vertreterinnen der einen wollen den Berg an der steilsten Stelle kühn erklimmen, die Andern wollen ihn auf Serpentinen sicher ersteigen. Für einzelne Kraftmenschen mag ja so eine wagemutige Erstbesteigung großen Reiz haben, aber eine große untrainierte Menschenmenge soll man nicht auf Pfade führen, wo die Wahrscheinlichkeit besteht, daß der größere Teil marode wird und marschunfähig liegen bleibt. Und die Frauensache braucht eine große, leistungsfähige Gefolgschaft.

Aber mit der Erklärung für das Bestehen einer radikalen Richtung in der Frauenbewegung ist für die Verschweigungssünden in der Berliner Delegiertenversammlung noch keine Erklärung, noch viel weniger eine Entschuldigung gefunden, und diese läßt sich auch nicht finden, da die psychologischen Gründe den Thatsachen gegenüber nicht ausreichend sind. Da die Zweiteilung in der Frauenbewegung der Sache selbst durch Kraftverlust schadet und Parteihader sie in den Augen der Welt herabsetzt, so wäre es sehr wünschenswert, wenn die zaudernden und die stürmenden Elemente in absehbarer Zukunft sich nicht mehr störend, sondern ergänzend und sich gegenseitig fördernd treffen wollten.

In beiden Lagern dürfte man bald einsehen lernen, daß die Frauenbewegung heute schon einen sozialen Faktor darstellt, der an Wichtigkeit und Bedeutung schon weit über die Persönlichkeit einzelner Führerinnen hinausgewachsen ist.

Wem die gerechte Sache lieb ist, trete bescheiden an den Platz, wo aus einfacher, gewissenhafter Pflichterfüllung ein Anspruch auf Rechte folgerichtig und unabweislich eintreten muß. –

Ehe und freie Liebe

Von P. Berthold

(1900)

Das fünfte Heft des laufenden Jahrganges der Sozialistischen Monatshefte bringt einen Artikel über Ehe und freie Liebe. Er ist der Ausfluß eines sehr energischen Mißfallens mit den heutigen sozialen Einrichtungen, ein Gefühl, das der Autor mit einer ungemein großen Anzahl von Menschen teilt.

Ob den Schäden unserer Gesellschaft aber durch »die freie Liebe in der kollektivistischen Gesellschaft« so gründlich abzuhelfen sei und ob das Bild dieser kollektivistischen Gesellschaft ein so nach allen Richtungen hin sehr anziehendes ist, kann nicht ganz kritiklos hingenommen werden.

Den Ausgangspunkt für die Erörterungen des Verfassers bildet das meist traurige Schicksal der unehelichen Kinder.

Ohne darüber Rechenschaft zu geben, ob es nicht auch Mittel, und Möglichkeiten gäbe, teils auf dem Wege der Gesetzgebung, teils auf dem Wege der größeren und verallgemeinerten Geistes- und Herzensbildung die Gleichberechtigung der unehelichen Kinder mit den ehelichen zur Thatsache werden zu lassen, – soll nach der angeführten Utopie die Institution einer legalen Ehe aufhören, d.h. alle Geburten sollen unehelich werden, um dadurch den unverschuldeten Makel aus der Welt zu schaffen.

Es wird uns ein Zustand in der künftigen Gesellschaft geschildert, in dem die heute schon vorhandenen »Keime und Ansätze jenes neuen, besseren Systems«, schon zur vollen Entwicklung gekommen sind. Die Gebärhäuser, Wöchnerinnenheime und Findelhäuser –

»Sie bilden sozusagen die Technik aus, die später verallgemeinert und vervollkommnet werden kann.«

»Von der Unentgeltlichkeit des Unterrichts, der Lehrmittel und der Beköstigung der Schulkinder bis zur vollständigen Erziehung und Verpflegung der Kinder und der heranwachsenden Jugend auf öffentliche Kosten ist theoretisch nur ein Schritt.«

Folgt dann die Beschreibung des Arbeiterstaates, wie wir ihn bei den Bienen- und Ameisenvölkern in höchster Vollendung bewundern können. Allen Neigungen, Trieben und Instinkten wird in dem Schema des neuen Staates Rechnung getragen, so weit sie sich verstaatlichen lassen. Was den Einzelnen um seiner selbst willen trägt und fördert, findet keine Beachtung.

Im Bebelschen Sinne verspricht man uns, daß die kollektivistische Gesellschaft eine »Gesellschaft ohne Prostitution« sein wird; sie wird uns »das Recht des freien Gewährens und Versagens bringen.«

»Je weiter einerseits die öffentliche Fürsorge für die Kinder und deren Mütter ausgebaut, je mehr für sie passende Erwerbszweige anderseits und unter je günstigeren Bedingungen sie den Frauen erschlossen werden, desto entbehrlicher wird die Ehe für die Frau. Und daß die Ehe für die Frau entbehrlich werde, darauf kommt es an; denn um der Frau willen war die Ehe bisher notwendig.«

Ist die Ehe wirklich nur um der Frau willen notwendig? Dient sie ausschließlich den speziellen Interessen der Frau in ihrer wirtschaftlichen Abhängigkeit vom Manne oder zu der Zeit »der Hilfsbedürftigkeit der Frauen in jenen Lebensabschnitten, in welchen ihnen die Natur die schwersten Lasten auferlegt«?

Wenn diese Fragen zu bejahen wären, dann wäre freilich »die freie Liebe in einer kollektivistischen Gesellschaftsordnung ein Heilmittel,« – dann wäre es auch gleichgiltig, »daß die Dauer der meisten Liebschaften eine zeitlich begrenzte sein dürfte« und wir könnten uns mit der Zusicherung begnügen: »ob aber langfristig oder kurzfristig, jedenfalls werden die Liebschaften der Einzelnen keinen Einfluß haben auf ihre soziale Stellung«.

Aber die Ehe dient nicht *nur* zum Schutze der Frau. Die Ehe ist oder sollte es doch sein, die Veranlassung zur Gründung eines festen, geregelten Haushaltes. Damit wird sie die Grundlage der Familie und als solche ist sie einzig in ihrem Einfluß auf die Nachkommenschaft und auf die aufstrebende Fortentwicklung des ganzen Menschengeschlechts.

Eine soziale Veränderung, die die Frau zur auskömmlich bezahlten Arbeiterin außerhalb des Hauses macht und ihre wertvollste Funktion als Gattin und Mutter zur Nebensächlichkeit, zu einem unvermeidlichen Uebel herabdrückt, kann nie als wünschenswertes Ziel erscheinen.

Wünschenswert ist, daß die Lohnverhältnisse eine solche Regelung erfahren, daß die alleinstehende oder unverheiratete Frau sich selbständig erhalten kann, ohne »Prostitution als Zusatz zum Lohn«, aber auch ein fleißiger, gesunder Mann muß seine Familie ernähren können, ohne daß Frau und Kinder zum Schaden ihrer geistigen, körperlichen und sittlichen Existenz über ihre Kraft mitarbeiten müssen.

Der Unterricht, die Lehrmittel sollen jedermann unentgeltlich zugänglich sein, aber Gebäranstalten, Findelhäuser, große Speisehäuser sollen selbst in höchster Vollkommenheit nur Behelfe für diejenigen sein, denen aus irgend einem bedauerlichen Grund eine eigene, gesunde Heimstätte oder eine Häuslichkeit versagt ist.

Soziale Einrichtungen, die eine Auflösung der Familie, der Pflanzstätte der besten, kräftigsten Lebensenergien eines Volkes anstreben, müssen sich in letzter Konsequenz als antisozial erweisen.

Der geistige Grundriß

Aus einem Vortrag »Über Fürsorge der gefährdeten weiblichen Jugend« in der Zentrale für private Fürsorge Frankfurt a.M. 1906

... Ich denke mir unweit einer mittelgroßen Stadt und leicht erreichbar zwei kleine Häuser mit einem Belegraum von 10-15 Betten.

In das eine Haus finden Aufnahme nicht mehr ganz jugendliche Personen, junge Prostituierte, Mädchen, die ihrer Entbindung entgegensehen, oder die vielleicht im Gefängnis entbunden haben – natürlich mit ihren Kindern. Im anderen Hause befinden sich jugendliche Gefährdete, kindliche, moralisch minderwertige Personen, in deren Leben noch alles unentschieden ist, die aber einen ausgesprochenen Hang für das zeigen, was man »moral insanity« nennt. Die Leitung des ersten Hauses in der Hand einer Ärztin oder geschulten Pflegerin und einer wirtschaftlich tüchtigen Hausbeamtin, das Haus der Jugendlichen an erster Stelle von einer weiblichen pädagogischen Kraft geleitet und durch Unterricht, hauswirtschaftliche Tätigkeit und Freiluftübungen unterstützt.

Beide Häuser einfach, aber ausgesprochen wohnlich und freundlich eingerichtet, so daß den Bewohnern das Gefühl eines strafweisen Aufenthaltes nicht kommen kann, ebenso wie die Kleidung einfach, aber nicht absichtlich garstig und entstellend sein soll.

Der ganze Haushalt sei auf halb ländlichem, halb städtischem kleinbürgerlichem Zuschnitt eingerichtet ...

... Kein Zögling wäre mit Gewalt in der Anstalt zurückzuhalten. Körperliche Züchtigungen wären auszuschließen.

Das Lesen von Büchern und Tageszeitungen soll in den Freistunden unterstützt werden. Die Leiterinnen der Anstalt hätten Arbeit und Muße mit ihren Hausgenossinnen zu teilen und sich eines freundlichen Tones zu bedienen, der jede herrische Selbstüberhebung und Verachtung der Moralkranken ausschließt.

Der Gesundheitszustand der Hausgenossen wäre sehr genau zu beobachten und in allen Einzelheiten zu kontrollieren und zu behandeln – selbstredend nur durch weibliches Pflegepersonal.

Der Einfluß des Vorhandenseins kleiner Kinder im Hause ist in seiner erziehlichen Wirkung auf junge weibliche Personen sehr hoch anzuschlagen. Was ich Ihnen heute sagen kann, sind nur Andeutungen, die Ihnen nicht genügen werden zu einem Bilde der Schulung und Genesung durch ein Leben, das in allen Stücken einen wohltuenden Kontrast zu dem bieten soll, was die Gefährdeten in Gefahr und zu Fall gebracht hat.

Ruhe, Arbeit, Belehrung und Unterhaltung in gemessenem Wechsel werden den Hang zu sittlicher Verwilderung leichter eindämmen, als Härte, unnachsichtliche Strenge, Langeweile, Heuchelei und jeglicher Mangel an ästhetischem Behagen ...

... Nicht, wie es vielfach der Fall ist, Männer sollen die Fürsorgetätigkeit für Gefährdete übernehmen, sondern Frauen müssen sich bemühen, an leitender Stelle mit klarem Verstande und ungetrübten Sinnen in ein Gebiet einzudringen, das, wenn irgend eines, des differenzierten, weiblichen Empfindens bedarf, um mit Erfolg bearbeitet zu werden. Unter den Frauen sollen es nicht jene sein, die klösterlich und weltfremd, in religiös asketischer Weltauffassung, selten ohne ein Körnchen Hochmut, zu den »Gefallenen« blicken.

Die Fürsorgetätigkeit für Moralkranke soll von Frauen geleitet werden, die im vollen lebendigen Leben stehen oder es doch kennen, und die ihre Erfahrungen aus der Wirklichkeit geschöpft haben. Es sollen *Frauen* sein, wenn auch nicht ausschließlich, so doch vorwiegend verheiratete Frauen, die in Dingen des Geschlechtslebens wissend sind und darum weder in Strenge noch in Nachsicht ohne Maß sind, wie es ja bei der Einäugigkeit der Unverheirateten beim besten Willen leicht geschehen kann. Ich glaube, daß ich heute nicht mehr sagen kann noch darf.

Nur die Bitte möchte ich noch an Sie richten: gedenken Sie und durchdenken Sie die Notwendigkeit der Verbesserung der Fürsorge der weiblichen Jugend. Es kann sich die erfreuliche Möglichkeit daraus ergeben, daß ein nächster Kursus für Jugendfürsorge schon die Besichtigung einer von modernem Geiste und werktätiger Menschenliebe durchdrungenen Heilstätte für Moralkranke bringt.

Gegen den Mädchenhandel

Bericht von Fräulein Hertha Pappenheim. 1. Vorsitzende des Jüdischen Frauenbundes

In Ausführung des Auftrages aus der letzten Vorstandssitzung vom 7. Februar 1909, der (wie von uns seinerzeit gemeldet. D. Red.) darin bestand, die damals im Text vorliegende Petition an die Königin von Rumänien, der hohen Frau namens des jüdischen Frauenbundes zu überreichen, bin ich am 3. März in *Bukarest* eingetroffen. Zu meinem Bedauern hörte ich dort, daß die Königin leidend sei und z.Zt. keine Audienzen erteile, sie habe jedoch von der Petition Kenntnis genommen und da sie deren Gegenstand, die Bekämpfung des Mädchenhandels, interessiere, möchte ich die Angelegenheit mit ihrer Hofdame besprechen. Ich tat dies, doch war die Dame, eine Schriftstellerin, die, man darf wohl sagen, freundschaftliche Beziehungen zur Königin hat, so liebenswürdig, mir die Möglichkeit in Aussicht zu stellen, binnen kurzer Zeit noch von der Königin empfangen zu werden.

Ich durfte mir diese Möglichkeit als Beauftragte des jüdischen Frauenbundes nicht entschwinden lassen und beschloß, einige Tage im Lande zu benutzen, im Sinne meiner Aufgabe Umschau zu halten und solche Personen aufzusuchen, die sich bereit finden lassen würden, an einer Bekämpfung des Mädchenhandels werktätigen Anteil zu nehmen.

Daß eine solche Agitation im Lande zu einer unerläßlichen Notwendigkeit geworden ist, darüber war von denjenigen, die die Verhältnisse des Landes kennen, nur eine Stimme. Ich habe sowohl von Juden wie Nichtjuden aus allen Schichten der Gesellschaft sehr viel Bedauerliches und Beschämendes erfahren, dagegen hatte ich aber auch die Freude, bei vielen Personen nicht allzuschwer Interesse und, wie wir hoffen wollen, tatkräftige Unterstützung für unsere Frauenmission zu finden. Ich nenne in Bukarest an erster Stelle Herrn Rabbiner Dr. *Beck* , der sich zu der seelsorgerischen Seite der Aufgabe bekannte; Frau Rosa *Staadecker* , eine in sozialer Arbeit und in sozialem Denken geschulte Frau, Herrn *Schwarz* , Dr. *Stern* u.a., die in der Erkenntnis der Wichtigkeit unserer Bestrebungen eine kleine Konferenz zusammenberiefen, in der ich die Ziele unseres

Bundes im allgemeinen und die Gründung von Auskunftsstellen für Frauen und Mädchen im besonderen auseinandersetzen konnte. An Wohlfahrtseinrichtungen scheint Bukarest, das trotz seiner 50 000 jüdischen Einwohner keine Gemeinde ist, nicht sehr reich; alle Kraft wird für die Schulen verwendet, deren es 15 gibt und die ganz aus privaten Mitteln erhalten werden müssen.

Nach einigen Tagen in Bukarest ging ich nach *Braila* , wo ich durch die liebenswürdige Einführung von Herrn und Frau Facsaniam sehr rasch meinen Weg zu denjenigen Persönlichkeiten fand, die für unsere Ideen zu gewinnen waren. Ich hatte Gelegenheit mit dem Deputierten Herrn Constantin *Alessien*über den Mädchenhandel von sozialpolitischer und volkshygienischer Seite zu sprechen. Er schien interessiert und zugänglich und versprach jede Agitation zu unterstützen, die dann am meisten Erfolg verspräche, wenn aus einer Initiative der Königin den maßgebenden Kreisen im Lande das Zeichen gegeben werde, sich offiziell zu dieser Aufgabe zu bekennen.

Braila hat eine jüdische Gemeinde, deren Mittel auch durch die Erhaltung der Schulen sehr in Anspruch genommen sind. Eine Eisenbahnstunde von Braila entfernt ist *Galatz* , gleich Braila ein Hafen und darum für den Mädchenhandel ein wichtiger und für dessen Bekämpfung ein notwendiger Punkt. Auch hier besteht für alle Teile und Schichten der Bevölkerung die Notwendigkeit, gewisse Begriffe und Anschauungen zu revidieren. Ich konnte gar nicht oft genug sagen, daß wir Frauen die Bekämpfung des Mädchenhandels absolut nicht nur als Gegenstand sentimentaler Caritas betrachten wollen, sondern als eines der unerläßlichsten Mittel, Volksgesundheit und Volkswohl zu verbreiten resp. zu erhalten.

Volles Verständnis für alles, was ich vorzubringen hatte, fand ich in Galatz. Es wurde mir versprochen, zur Bildung eines Komitees Herrn Glaser zu interessieren, der in seinem Amt als Inspektor der Donaudampfschiffahrt unserer Sache unschätzbare Dienste leisten kann. Der Handel geht natürlich den abgelegenen und weniger kontrollierten Wasserweg, oft auf Frachtschiffen, und es wird bei den Konferenzen immer wieder auf die Notwendigkeit einer Schiffsmission hingewiesen werden müssen. Galatz hat eine jüdische Gemeinde und besitzt außer den Schulen Wohlfahrtsanstalten, die sowohl der Opferwilligkeit als dem Verständnis der Gemeinde ein schönes Zeugnis ausstellen. Bemerkenswert als Bau und durch seine Einrichtung ist das unter der Leitung von Dr. Feldmann stehende Hospital, dem nur eine Oberin und geschultes weibliches Pflegepersonal fehlt, um es zu einer vorbildlichen Anstalt für das ganze Land zu machen. Die Krankenpflege als Beruf für die gebildete Frau ist im ganzen Lande gänzlich unbekannt. Auch ein Asyl für Alte und Einrichtungen für Kinderspeisung sind schön. Hervorragend ist die Mädchenschule, deren Neubau durch Mittel der Jca ausgeführt ist. Leider ist die Beschränkung der Kinderzahl auf 250 nur durch die beschränkten Mittel geboten. Am 13. März kehrte ich wieder nach Bukarest zurück und hatte die Freude, am 14. morgens die Mitteilung zu bekommen, daß ich noch am selben Tage zur Audienz bei der Königin erscheinen solle.

Es waren für mich höchst interessante 1 1/2 Stunden, die die hohe Frau in anregendstem Gespräche mir zu widmen geruhte. Eine Frau, gütig, klug, liebenswürdig, von feinem sozialen Empfinden beherrscht, ist Königin Elisabeth von Rumänien diejenige, von der für das ganze Land die Initiative werktätiger Hilfe in modernem Sinne ausgeht, und nach kurzer Zeit, die man in dem Bann der Persönlichkeit *Carmen Silvas*steht, findet man die Begeisterung begreiflich, die ihr aus allen Schichten der Bevölkerung entgegengebracht wird. Die Königin versteht ebensogut zu fragen als zu sprechen und mit großem Geschick steuerte sie das Schifflein unsrer Konversation, die die hervorragendsten Punkte des modernen Frauenlebens berührte: Mädchenhandel im Zusammenhang mit Erziehungsfragen, Frauenkleidung, Frauenstimmrecht, Mutterschutz, Wohlfahrtseinrichtungen jeder Art, Abolition, Alkoholismus und vor allem – die *Judenfrage . Wenn die Königin Einfluß auf die Politik hätte* , die vorläufig in Rumänien wie anderwärts ein Reservat der Männer ist, *dann würde den rumänischen Juden sicher mehr Gerechtigkeit zuteil werden.*In den sozialen Einrichtungen, die der Initiative und dem Einfluß der Königin unterstehen, duldet sie keine religiöse Unduldsamkeit. Ihre Lieblingsschöpfung ist das Blindenheim »Vatra luminoasa Elisaveta«, die zukünftige Blindenstadt. Bis heute fanden 153 Blinde Aufnahme, darunter 17 *jüdischer Konfession* , und 3 *jüdische*Blindenlehrer unterrichten. Die Königin selbst sagte mir, daß diejenigen jüdischen Blinden, die Wert darauf legen, aus einer jüdischen Restauration beköstigt werden.

Bei dem, wie die Königin selbst sagte, »brennenden Interesse«, das sie längst den verschiedenen Teilfragen entgegenbrachte, die in der Bekämpfung des Mädchenhandels zusammenlaufen, glaube ich zuversichtlich, daß die Petition des jüdischen Frauenbundes der äußere Anstoß dazu gewesen sein wird, daß man sich auch in Rumänien offiziell zur Bekämpfung des Mädchenhandels bekennen wird und wir jüdischen Frauen dürfen mit einer gewissen Befriedigung konstatieren, daß wir *anfangen* , auf dem Wege der Bekämpfung des Mädchenhandels Erfolge zu erringen, indem wir unerschrocken für Recht und gute Sitte eintreten. Herrliche Worte der Milde und der Gerechtigkeit, wie sie nur der Feder einer Frau, einer Dichterin und Königin entstammen können, klingen durch die Kulturwelt. Ermutigt durch solche Worte, wagte es ein Verband von Frauen, *der jüdische Frauenbund in Deutschland* , die Königin und Frau auf den furchtbarsten Schimpf unseres Geschlechtes hinzuweisen – auf den *Mädchenhandel* .

Seitdem von England durch Josephine Butler unsere Sinne geweckt und geschärft sind für die tausendfältigen Formen von Frauenelend – seitdem William Coote angefangen hat, den geheimen Wegen des Verbrechertums nachzugehen, das aus den Töchtern eines Landes eine Handelsware macht, die den niedrigsten Zwecken dient – seitdem wir wissen, daß es einen Mädchenhandel gibt – ist es Pflicht und Aufgabe der Frauen aller Stände, aller Nationen und aller Konfessionen, der Bekämpfung des Mädchenhandels ihre Kräfte zu weihen.

Besondere soziale Verhältnisse des Königsreiches Rumänien sind für tausende von Frauen und Mädchen dort verhängnisvoll geworden, so verhängnisvoll, daß ihr sittliches Bewußtsein von dem einfachen Selbsterhaltungstrieb übertönt wird. Wir finden darum zahllose rumänische Jüdinnen in die Wege des Lasters gedrängt. Anstatt daß sie aufrechte Trägerinnen einer uralten Kultur bleiben, anstatt daß sie wertvolle sittliche Elemente bilden innerhalb der Nation, der sie durch Geburt, Sprache und Erziehung unauslöschlich angehören, werden sie gemeinsam mit vielen ihrer christlichen Schwestern zur Schande getrieben.

Wenn wir jüdischen Frauen aus Ew. Majestät Heimatland es wagen, Ew. Majestät ehrfurchtsvoll zu bitten, der Bekämpfung des Mädchenhandels in Rumänien Allerhöchst Ihre Aufmerksamkeit zuzuwenden, so sprechen wir zwar als eine Organisation aus einem verhältnismäßig kleinen Kreise, doch sprechen für auch für die Allgemeinheit der rumänischen Frauen und Mädchen. Das Schicksal der christlichen Rumänin, die zum Laster gedrängt ist, ist dasselbe, wie das der rumänischen Jüdin, physische und moralische Vernichtung des Individuums – und gleichzeitig Schädigung der Volksgesundheit, der Volkswohlfahrt und des sittlichen Empfindens der Allgemeinheit.

Und darum hoffen wir, daß diese Worte, bestätigt und unterstützt von der Unterschrift vieler Frauen, die ihre Kraft und ihr Interesse dem Wohle ihrer Mitschwestern widmen, bei der hochherzigen Dichterkönigin einen Widerhall finden. Unsere ehrerbietige Bitte geht dahin, daß Ew. Majestät es nicht verschmähen mögen, auf den Jammer aus einer Welt zu hören, die der Königin zwar fern, der Frau aber so nah ist, und die der königliche Wille einer Frau durch einen Federstrich zum Guten zu verändern vermag.

In tiefster Ehrerbietung
Der Vorstand des Jüdischen Frauenbundes.

Die Frau im kirchlichen und religiösen Leben

(1912)

Um meinen Ausführungen die Basis zu geben, die sie zu ihrem Verständnis in weiten Kreisen brauchen, muß ich mit wenigen Worten auf einige grundlegende Unterschiede hinweisen, die für die verschiedene Entwicklung des Gemeindelebens der christlichen und der jüdischen Religionsgemeinschaften maßgebend sind.

Die jüdische Religion ist die reingeistige Eingottreligion. Sie kennt kein Dogma, keine Kirche, keine Sekten, keine Proselyten, keine Mission, keine weltlichen und politischen Ambitionen. Sie ist im besten Sinne eine Privatangelegenheit, d. h. sie hat und braucht keine äußeren Mittel und Machtmittel als Bindung ihrer Angehörigen.

Die Struktur der Gemeinden ist, ihren einfachen inneren Aufgaben entsprechend, sehr einfach: ihre Mitglieder vereinen sich zum Gebet und zum Studium der Heiligen Schrift; – sie sind fest verbunden durch Ritualgesetze, die die Funktionen des Alltags vergeistigen; – und die Erfüllung des Gebotes der Nächstenliebe, von der das ganze Leben durchtränkt ist, verwebt sie zu einer Körperschaft von idealster Solidarität und dadurch großer Widerstandskraft.

Die Funktionäre der jüdischen Gemeinden sind einerseits Gelehrte und Lehrer, deren vornehmlichste Aufgabe es ist, den Gottesgedanken lebendig zu erhalten und den sozial-ethischen Inhalt der Heiligen Schrift herauszuarbeiten; – anderseits Beamte, die der Ausführung und Überwachung der sozialhygienischen Vorschriften des Rituals dienen. Im Dienste der freien Liebestätigkeit zu stehen, ist Pflicht eines jeden.

Das absolut gleiche Interesse aller an allem gibt der Verwaltung eine gesunde demokratische Tendenz, die aber, um es gleich vorweg auszusprechen, auf die Frauen keine Anwendung findet.

Die Verfolgung der Bekenner der jüdischen Religion hat dem jüdischen Gemeindeleben für Jahrhunderte jene eigentümliche Erscheinung gebracht, die in der Bezeichnung des Ghetto zu einem allbekannten Begriff geworden ist.

Das Verschwinden der physischen Ghettomauern ist aber nicht für alle jüdischen Gemeinden gleichbedeutend mit Religions- und Gewissensfreiheit oder mit Gleichberechtigung anderer Religionsgemeinschaften gegenüber.

Unter den gleichen religiösen Vorbedingungen sehen wir darum das Gemeindeleben der in der Diaspora verstreuten Juden sich sehr verschieden entwickeln, denn es ist abhängig von der Kultur des Volkes, das sie umgibt, und abhängig von den Widerständen, die ihnen begegnen. Es weist heute in sich selbst die schroffsten und eigentümlichsten Kontraste auf, so wie ja auch die Individuen, die den Gemeinden angehören, sich in verschiedenen Ländern verschiedenartig entwickelt haben und oft durch nichts mehr verbunden sind als durch die ununterbrochene Tradition der Eingottidee und das Gebot der Nächstenliebe. So bildet der durch Generationen in seinem Lande ansässige englische und französische Jude, der in seinem Heim, vielleicht auch im politischen Leben alle Formen der Kultur beherrschen gelernt hat, einzeln und in seiner Gemeinde den denkbar größten Gegensatz zu der Majorität der polnischen Juden, denen in ihrer Erscheinung und in all ihren Lebensäußerungen ebenso wie in der Gemeinde noch ganz das mittelalterliche Ghetto anhängt; – der freie amerikanische Jude einen Gegensatz zu dem unter Rechtlosigkeit und Knute seufzenden oder sich aufbäumenden rumänischen oder russischen Juden. Und der deutsche Jude, der nicht nur die geistige Kultur seines Vaterlandes repräsentiert, sondern dem sie auch wertvolle Elemente zu verdanken hat, unterscheidet sich auffallend von dem spanischen Juden, der spanische und orientalische Wesensart assimiliert hat.

Nun sehen wir zwar die jüdische Frau den Mann in seiner allgemeinen Kulturentwicklung begleiten, dennoch ist der Abstand zwischen beiden Geschlechtern bezüglich ihrer Stellung in der Gemeinde – und das ist das Maßgebende für unsere Frage heute – immer ein sehr bedeutender geblieben. Aber selbst für deutsche Verhältnisse, an die hier in erster Linie zu denken ist, ist es nicht möglich, einfach aus dem Spiegelbild unserer Zeit, die Stellung der Frau in der jüdischen Gemeinde ablesen zu wollen, das hieße ihr eine teils unrichtige, teils ungerechte Darstellung und Wertung geben.

Um diese Stellung zu erklären, ist es notwendig zurückzublicken und auf die Bestandteile eines durch die Zeit fest verbundenen Konglomerates von Gesetz, Überlieferung und Gewohnheit hinzuweisen, das für die Majorität der westeuropäische Juden unserer Zeit als »Tradition« nur noch schattenhaft in ihrem Unterbewußtsein existiert, für viele als Tradition der Tradition wertvolle Momente hat, von einer Minorität nur noch in dem vollen Inhalt der Überlieferung gepflegt wird.

In diesem Zusammenhange hätten Ihnen nun der Talmudist, der Geschichtsforscher und der Kulturhistoriker viel Interessantes zu sagen, und es mag Vertretern der genannten Fächer in gewissem Sinne mit Recht vermessen erscheinen, daß eine ungelehrte Frau sich hier zum Wort gemeldet hat.

Aber es ist wesentlich und für die Materie bedeutsam, daß es keine Frau gibt, oder je gegeben hat, die das zur religionswissenschaftlichen oder auch nur zur historischen Bearbeitung der Frage nötige jüdische Quellenstudium vollständig bewältigt hätte, oder das Material vom Frauenstandpunkt geprüft hätte, wie es z. B. aus parallelen Erwägungen heute von juristisch gebildeten Frauen mit dem Bürgerlichen Gesetzbuch und dem Strafgesetzbuch geschieht.

Das Lehrhaus, die Pflanz- und Pflegestätte spezifisch jüdischer Geisteskultur, ist der Frau von jeher verschlossen geblieben und es wird auch dort, wo jüdische Gelehrsamkeit in ursprünglichem Geiste und in herkömmlicher Form weitergegeben wird, künftig bleiben.

Wir sind also nicht nur in der Vergangenheit in den Niederschriften der Gesetze und Ritualvorschriften, der Kommentare und Überlieferungen ganz auf männliche Auffassung angewiesen, sondern auch dort, wo es sich in unserer Zeit um Übersetzungen aus den hebräischen Texten, um Auszüge oder Gruppierung des Materials nach modernen, feministischen Gesichtspunkten handeln müßte, fehlt für uns Frauen die Möglichkeit eigener kritischer Bearbeitung an den Urtexten.

Wir jüdischen Frauen müssen auch Lob und Tadel, Huldigung und Verurteilung unseres Geschlechtes, wo sie uns als Destillat einer ungeheuren Aufhäufung von Literatur entgegengebracht werden, widerspruchslos hinnehmen, so wie sie durch die Brille der männlichen Schriftgelehrten und Forscher je nach deren Ansicht und vielleicht auch durch persönliche Erfahrungen gefärbt, aus den jüdischen Schriftwerken herausgelesen werden.

Deshalb dürfte es mehr den Intentionen dieses Kongresses entsprechen, eine ungelehrte Frau, die aber noch in der Tradition der Traditionen aufgewachsen ist, über das gegebene Thema zu hören, als einen Gelehrten, der wohl leicht mehr wissen, aber doch nicht vertreten könnte, worauf es heute und hier ankommt: den Maßstab modernen Frauenempfindens und lebendiger Gegenwartsforderungen an Verhältnisse zu legen, die teils historisch verhärtet sind, teils aber noch den unversiegbaren Urquell allen sittlichen Lebens umfassen.

Um für meine Ausführungen nach keiner Richtung ein Mißverständnis aufkommen zu lassen, möchte ich ihnen eine Zweiteilung zugrunde legen und streng unterscheiden zwischen der Bedeutung der Frau in der jüdischen Gemeinschaft und ihrer Stellung in derselben – einst und jetzt. Hier ist noch zu bemerken, daß vieles, was für uns westeuropäischen Juden als »einst« und überwunden zu bezeichnen ist, für viele östliche Gemeinden noch als »jetzt« gilt, und daß dabei kulturhistorisch sehr interessante und merkwürdige Zwischenstufen und Abtönungen zustande gekommen sind.

Nach der alten traditionell-jüdischen Auffassung handelt es sich, wenn von der Frau gesprochen wird, immer nur um die verheiratete Frau, denn der orientalische Begriff des Frauentums, der in der jüdischen Gesetzgebung durchweg zum Ausdruck kommt, hat keinen Raum für weibliche Eigenart, die sich selbständig und ohne im Mann eine geschlechtliche Ergänzung gefunden zu haben, frei entwickelt.

Die Frau ist die Trägerin, Hüterin und Erhalterin des Volkes, und nur insofern sie dieser ihr ureigentümlichen Aufgabe, die die Grundlage für die Verheißung des Fortbestandes des Volkes Israel ist, gerecht wird, tritt sie in ihre volle Bedeutung ein. Das Gebot der Rein- und Heilighaltung der Ehe und der in Rücksicht auf eine zahlreiche gesunde Nachkommenschaft geregelte Geschlechtsverkehr gaben der jüdischen Frau im Sinne des Gesetzes bewußt von jeher die ethische und national-ökonomische Wichtigkeit, die man durch die Sozialpolitik heute der Frau im allgemeinen wissenschaftlich und praktisch zuerkennt.

Aber wohlverstanden die verheiratete Frau und auch als solche nur die Mutter von Kindern ist es, der nach dem jüdischen Gesetz die größte Ehrfurcht und Rücksicht entgegengebracht wird. Diese tritt dann freilich nicht nur in poetischen und theoretischen Auslassungen zutage, sondern in recht deutlichen, praktischen Vorschriften und Formen, solchen, die durch das moderne Vokabularium ausgedrückt, unter den Begriff des »praktischen Mutterschutzes auf dem Boden alter Ethik« fallen würden. Dieser Mutterschutz äußert sich sehr deutlich darin, daß nach jüdischem Gesetz die Frau keinen Ritualvorschriften unterworfen ist, die an eine bestimmte Zeit oder an einen Ort außerhalb ihres Hauses gebunden sind. Das bedeutet, daß es für die jüdische Frau nichts Wichtigeres und nichts Dringenderes geben soll als die Erfüllung ihrer Mutterpflichten, innerhalb deren sie und für die sie Zeit und Schonung braucht.

Bei der altjüdischen Hochachtung vor dem Familienleben und seiner gesunden Reinheit kann es aber nicht wundernehmen, daß neben der Verehrung der Ehefrau und der legitimen Mutter eine große Verachtung der unehelichen Mutter und ihres Kindes einherging. Diese Verachtung, die in dem engen Rahmen des Ghettolebens als eine schützende Hemmung vor schädlichen Ausschreitungen gewirkt haben mag, wird aber in moderner Zeit und unter modernen Verhältnissen zur Härte, denn die Freiheit und Freizügigkeit, die schwierigen Erwerbsverhältnisse, die einer rechtzeitigen Eheschließung ökonomische Schwierigkeiten entgegenstellen, die Assimilierung der Juden an das Gute und das Schlechte der für sie neuen Umwelt – wozu in erster Linie der Alkoholismus zu rechnen ist – haben auch für das Geschlechtsleben der Juden große Veränderungen vorbereitet, die unsere lebhafte Beachtung verlangen.

Aber nicht nur die rücksichtsvolle Befreiung der Frau von nach außen bindenden Verpflichtungen hat sie in eine Art von häuslicher Klausur gedrängt, die bedeutungsvolle Vorschrift früher Eheschließung und eine gewisse Angst vor geschlechtlicher Versuchung des

Mannes haben die Frau vom freien Verkehr mit der Männerwelt und damit zugleich von allem geistigen Leben ausgeschaltet.

Denn wenn der Jude auch durch das Gesetz an ein ausschließlich jüdisch-wissenschaftliches Studium in hebräischer Sprache gebunden war, so gab gerade dieses ihm eine scharfe geistige Schulung, die ihn zu jeder Zeit auch für andere Materien besonders aufnahme- und leistungsfähig machten.

Die Frauen blieben aber (weniger durch das Gesetz als durch lange geübtes Gewohnheitsrecht) in großer Unwissenheit. Ihre geistige Unterernährung führte zu solcher geschlechtlicher und wirtschaftlicher Abhängigkeit von dem Mann, daß sie sich selbst dort, wo die politische Emanzipation dem Manne geistige Freiheit brachte, viel später als er individuell zu entwickeln begann.

Unwiderleglich festgelegt ist die Zurücksetzung der Frau in der jüdischen Gemeinde dadurch, daß sie bei den Gebetversammlungen nicht mitzählt, daß sie zu dem wichtigen Akt der Thoravorlesung nicht aufgerufen wird, und daß sie die öffentliche Mündigsprechung, die jedem 13jährigen Knaben verkündet wird, nicht erfährt.

Besonders das letztere Moment gibt dem Knaben frühzeitig ein bedenkliches Übergewicht den Mädchen gegenüber. Durch ein religiöses Vorrecht fühlen sie sich schon von Kindheit an dem weiblichen Geschlecht überlegen.

Die gleiche unlogische Zumessung sehen wir ferner da, wo es sich um die Erfüllung gewisser sozial-hygienischer Vorschriften und des wichtigsten sozial-ethischen Gebotes, des der Sabbatheiligung, handelt.

In die Hand der Frau ist vertrauensvoll die Ausführung der Speisegesetze gelegt, die überall da, wo die allgemeine kommunale Verwaltung nicht eine gewissenhafte Lebensmittelkontrolle führt, heute noch von der aktuellsten Bedeutung ist. Insbesondere durch die Desinfektion des Fleisches durch Einsalzen, und die Durchführung anderer scheinbar unwichtiger Vorschriften erfüllt die jüdische Frau innerhalb der Gemeinde still und selbstverständlich das Amt einer Sanitätsbeamtin, die sich in Zeiten schwerer Epidemien oft, ihr selbst unbewußt, in großer Pflichttreue hervorragend bewährt hat.

Noch wichtiger aber, weil ethisch von der höchsten Bedeutung ist die Teilnahme der Frau an der Sabbatheiligung.

Am Freitag abend, dem weihevollen Auftakt der Sabbatharmonie hat die Frau symbolisch die Lichter anzuzünden und darüber zu wachen, daß im jüdischen Hause 24 Stunden lang Mensch und Tier ruhe und aufatme und Sammlung und Kraft finde für die nächsten sechs Werktage.

Es ist längst als berechtigte Forderung der Frau aller Konfessionen ausgesprochen, daß für die im schweren Broterwerb stehende Arbeiterin allgemein dieser Auftakt des Ruhetages zu verlangen sei, wie ihn das vom sozialen Geist durchdrungene jüdische Gesetz einsichtig und liebevoll vorsieht. Denn gerade für die dreifach schwierigen und dreifach verantwortungsvollen Leistungen der Frau als Hausfrau, Mutter und Erwerbende ist dieser Vorabend der Ruhe die Vorbedingung des vollen religiösen, physischen und auch ästhetischen Sabbatgenusses.

Nur ein Gebiet gibt es, auf dem sich die jüdische Frau innerhalb ihrer Gemeinde gleichartig und gleichwertig mit dem Manne betätigen kann, und das ist in der Erfüllung jenes Gebotes, das nach dem Ausspruch eines Weisen den Inhalt der jüdischen Religion bildet: »Liebe deinen Nächsten wie dich selbst«! Dieser altjüdische wundertätige Imperativ, dessen Fundament die zehn Gebote sind, gilt für Mann und Frau. Aber nicht nur gepredigt, praktisch geübt muß er werden.

Das Speisen der Hungrigen, die Pflege der Kranken, der Schutz der Verwaisten, die Ausstattung der Bräute, die Treue für die Toten – in all diesen Werken konnte und sollte sich die jüdische Frau von jeher in stets bereiter Opferfreudigkeit betätigen.

Freilich konnte sich diese Betätigung bei den Juden bis zu ihrer politischen Befreiung niemals zu festen Organisationen kristallisieren, wie in den christlichen Gemeinschaften, die sich in Ruhe und Seßhaftigkeit entwickelten. Ansätze zu solchen finden sich nur in kleinen schwachen Gegenseitigkeitsvereinen für Krankenpflege und Totenbestattung, ab und zu auch in Handwerksinnungen. Aber die warme persönliche, individualisierte Liebestätigkeit, der zwar das planmäßig Geordnete fehlt, der aber eine bewundernswerte Tragfähigkeit innewohnt, gerade diese gedieh hinter den Ghettomauern in unerschöpflicher Kraft und wirkt bis auf den heutigen Tag.

Auch bevor die Juden bei beginnender Seßhaftigkeit es wagen durften, kleine Krankenhäuser zu bauen, kleine Stiftungen zu machen, blieb in ihren Gemeinden kein Kranker ungepflegt, kein Kind, dessen Vater auf der Landstraße vielleicht als vogelfrei erschlagen worden war, blieb ohne Annehmer, keine Frau, deren Mann durch die Folter zum Krüppel wurde, blieb ohne Hilfe, kein Mann, dessen Existenz durch einen grausamen Richterspruch vernichtet war, blieb im Elend von seinen Glaubensgenossen verlassen, immer traten sie schützend zusammen, Männer und Frauen.

Freilich auf die Stellung der Frau in der Gemeinde hatte auch die Erfüllung des Gebotes der Nächstenliebe keinen Einfluß, und so sehen wir bis in unsere Zeit den Unterschied zwischen Bedeutung und Stellung der Frau eher zu ihrem Nachteil verändert, denn durch die Verflachung des religiösen Lebens unter den Juden hat die jüdische Frau in ihrem Hause an Bedeutung verloren, ohne noch bisher im kommunalen Leben in gleichem Maße an Wichtigkeit und Stellung zu gewinnen.

Einerlei wo und von wann an wir die freiere und kräftigere Entwicklung von jüdischen Gemeinden beobachten, ob von der Französischen Revolution, ob nach dem Jahre 1848 oder später, immer und überall sehen wir die Kommunen lediglich von Männergremien verwaltet; nur bezüglich der Steuern war man schon früh großherzig genug, die selbständige Frau zu den Kultusabgaben heranziehen.

Der freie Luftstrom, der die alten Judengassen der deutschen Städte zu Beginn des vorigen Jahrhunderts durchwehte, brachte den jüdischen Frauen zwar bald größere Bildungsmöglichkeiten, die sie zum Teil eifrig ergriffen und mit feinem Verständnis ausnützten, aber Rechte im Sinne unserer heutigen Frauenforderungen wurden der jüdischen Frau in ihrer Gemeinde bis zum heutigen Tage nicht eingeräumt.

Eigentümlicherweise geschah und geschieht es auch heute noch vielfach dort nicht, wo das für beide Geschlechter traditionell gleich geltende Gebot praktischer Liebestätigkeit der Frau den Weg in die selbständige soziale Hilfsarbeit frei eröffnen sollte.

Es gab zwar bald nach der Emanzipation der Juden in Deutschland jüdische Frauenvereine, die sich mit Kranken- und Wochenpflege beschäftigten. So gibt es einen Frauenverein in Kassel, der seit hundert Jahren wirksam ist, einen anderen in Köln, der im nächsten Jahre sein hundertjähriges Bestehen feiern wird, eine Frauenkrankenkasse in Frankfurt ist fast ebenso alt, ein Mädchenwaisenhaus daselbst besteht seit 65 Jahren, würdige Beweise, daß die deutsche Jüdin sich relativ früh in eine Organisation einzufügen und deren Wert zu schätzen wußte, wenn sie auch noch nicht den Mut fand, die Verwaltung und Vertretung ihres Vereins selbständig und ohne Männerhilfe zu führen. Aber seitens der Männer fanden derartige Bestrebungen wenig Verständnis und Förderung.

Die ganze große jüdische Philanthropie, jene bewunderungswürdige ethische Kraftäußerung der Judenschaft des 19. Jahrhunderts – ich gebrauche das Wort Philanthropie hier mit Bedacht, weil seinem Begriffe das demokratische Element fehlt – sie wurde seit ihrem Bestehen ohne Frauen geübt und geleitet und ist auch fast ausschließlich dem männlichen Teil der jüdischen Bevölkerung zugute gekommen.

Die *Alliance Israelite Universelle, die großen Stiftungen des Baron Hirsch*(sowohl das Schulwesen wie die Kolonisation betreffend), die weitverbreitete caritative *Verbindung der Logenbrüder*– sie haben sich von dem Geist moderner Sozialpolitik noch nicht erfassen lassen und schließen noch ängstlich die Frau von jeder Mitarbeit und Mitverantwortung aus. Ein kleiner Versuch des *Hilfsvereins der Deutschen Juden* , auf eine Mitarbeit der Frauen einzugehen, ist erst allerjüngsten Datums und noch unentschieden in seiner Tragweite.

Der *Zentralverein der Deutschen Staatsbürger jüdischen Glaubens*hat mit der Wahl von zwei Frauen in Lokalvorstände einen bemerkenswerten Anfang zur Zusammenarbeit gemacht. Die jüngste der großen jüdischen Organisationen, die zionistische, die sich modernen Entwicklungsformen assimiliert, räumt der Frau zwar »in ihrem Parlament Sitz und Stimme« ein, aber die Zentralstelle arbeitet ohne Frau, trotzdem es sich auch dort um volkserzieherische Probleme handelt.

Aber auch lokale Wohlfahrtseinrichtungen sehen wir in jüdischen Gemeinden noch vielfach ausschließlich von Männern geleitet, selbst Institutionen, die längst als weibliche Arbeitsgebiete anerkannt sind. Es gibt Gemeinden, deren Kindergarten, Krankenhaus, Volksküchen, Vereine zur Ausbildung von Krankenpflegerinnen, Erziehungsanstalten für Mädchen, ja sogar das ganze Armenwesen, noch in den Händen von Männern liegt, die sich der Frauen nur als Helferinnen ohne Verantwortung und ohne Sitz im Rate bedienen.

In wenigen Städten, z.B. in Berlin, Breslau, Hamburg sehen wir schon einige Frauen mit den Männern an dem berühmten grünen Tisch erscheinen, u. zw. wie zugegeben werden muß, zum künftigen Vorteil des jüdischen Gemeinschaftslebens.

Daß dieses tempo ritardando in dem Fortschritte der Frauen innerhalb des jüdischen Gemeinschaftslebens nur teils auf die orientalisch-religiöse Tradition und teils auf die wirtschaftliche Abhängigkeit der Frau vom Manne zurückzuführen ist und nicht auf ihre Unfähigkeit, soziale Pflichten zu erfüllen, sehen wir, wenn wir die Jüdin außerhalb ihrer jüdischen Gemeinschaft beobachten.

Die Geläufigkeit sozialen Denkens, die verständnisvolle Opferwilligkeit, die ihr durch Jahrtausende hindurch aus ihrer Väter Väter und Mütter Mütter Schulung, zur sittlichen Veranlagung geworden ist, macht sie auf dem Plane der großen allgemeinen Frauenarbeit zur wohlgelittenen Mitarbeiterin.

Hätte die jüdische Frau, ihrer Kraft und Fähigkeit entsprechend, rechtzeitig in der jüdischen Gemeinschaft Verwendung, Stellung und Wertung gefunden, wir hätten heute nicht wehmütig auf manche zu verzichten, der in ihrem berechtigten Wunsche nach Betätigung und nach Entfaltung ihrer Persönlichkeit das Band entglitten ist, das sie mit ihrer Stammesgemeinde verbindet, der Gemeinschaft, der sie nun verständnislos den Rücken wendet.

Aber für die Majorität der jüdischen Frauen bringt die intensive Beschäftigung mit den Menschheitsaufgaben, die uns die Frauenbewegung als letztes und alle Konfessionen einigendes Ziel bringt, so viel Charakterstärke und wahren Persönlichkeitsmut, daß auch die Frau innerhalb ihrer religiösen und Stammesgenossenschaft ihre hohen Aufgaben neu erkennen lernt und sie den Mut finden läßt, sich zu ihr zu bekennen.

So sehe ich zwischen den aufrechten Bekennerinnen der Frauen der drei Konfessionen einen Wechselstrom höchsten menschlichen Wollens, und wir Jüdinnen wollen den unsrigen der drei Ringe, der noch die alte Kraft bewährt »vor Gott und Menschen angenehm zu machen« in dieser Zuversicht vertrauensvoll bewahren.

Weh' dem, dessen Gewissen schläft!

(1916)

Die lebenserhaltende Wirkung der heiligen, sozialen jüdischen Religionsgesetze ist so in Hirn und Blut der gesamten Judenschaft übergegangen, daß der soziale Sinn der Juden als der erweiterte »Familiensinn der Juden«, sowie dieser als eine Stammeseigentümlichkeit bezeichnet werden kann.

Die Enge des altjüdischen Gemeinschaftslebens in Deutschland (vor der Emanzipation und Freizügigkeit) gestattete jedem einzelnen Manne mit viel größerer Leichtigkeit als heute die Erfüllung aller Gebote, nicht nur, soweit sie sich auf die Ritualvorschriften beziehen, sondern auch, soweit es auf das Zusammenleben bezügliche Gebote sind. Das wirkte natürlich bestimmend auf die Form des Gemeindelebens und das, was man heute in entwickelten Verhältnissen dessen soziale Aufgabe nennt. Für die jüdische Frau war die Teilnahme an diesen Aufgaben religiös, also auch praktisch karg bemessen, ein Verhältnis, das sich innerhalb des Gemeindelebens durch die den Frauen anerzogene Teilnahmslosigkeit für jüdische Interessen heute noch in ihrer Interessenlosigkeit an der jüdischen Gesamtheit bitter rächt.

Um aber in jenen Ghettozeiten den Erfordernissen der Gemeinde zu genügen, bedurfte es nicht wie heute spezieller Erfahrungen und Kenntnisse. Die Grundlage für die Beherrschung der Erfordernisse des Khillelebens und Wegweiser für alle Vorkommnisse bildete die Kenntnis der religiösen Vorschriften. – Als Tradition war sie Gemeingut aller und durch das weitverbreitete und sehr geachtete Studium des jüdischen Schrifttums blieb sie in allen Teilen frisch und lebendig.

Ihrem Geiste nach bildet die jüdische Gesetzgebung eine wertvolle breite Basis für jedes Gemeinschaftsleben. Die Anforderungen, die an die moderne soziale Gesetzgebung gestellt werden und dort oft als geistiges Neuland gelten, sind in den wichtigsten Teilen mit altjüdischen Gesetzen identisch; dort, wo sie religiös betrachtet als christlich angesprochen werden, sind sie nachweislich jüdisch (Sonntagsruhe, Mutterschutz, Familienpflege, Fleischbeschau usw.).

In dem alten jüdischen Gemeindeleben mit der unumstößlichen, religiösen Auffassung, nach der Gebot und Guttat eins sind, konnte sich eine soziale Betätigung nur nach den Normen der religiösen Vorschriften entwickeln.

Die Wechselwirkung zwischen religiösen und sozialen Motiven des Handels, in dem Objekt und Subjekt des Wohltuns ihre Stellung auch vertauschen können, läßt es unter Umständen vom jüdischen Standpunkt weniger wichtig sein, welchen praktischen sozialen Erfolg eine gebotene Wohltat – Mizwah – hat, wenn sie nur die Erfüllung des Gebotes ist. Damit wird ein großes Stück Verantwortlichkeit für die oft in den Zeitläuften sich verändernden Folgen einer Handlung – natürlich zum Nachteil der Gesamtheit – abgeschnitten oder ausgeschaltet. In der Enge des Khillelebens gab es aber in sozialer Beziehung jahrhundertelang keine sich verändernden Zeit- oder Tagesforderungen. In dem Khillerahmen genügten der religiös angespornte gute Wille, gutes Herz und gutes Geld für die Erfüllung der sozialen Pflichten.

Mit diesen drei Energien konnte unendlich viel geschehen und ist auch unendlich viel getan worden.

Kälte und Hunger, Geburt und Tod, Krankheit und Verarmung stellten in der Ghettozeit der Hilfsbereitschaft durch die einfachen, durchsichtigen Verhältnisse, in denen sich das Leben abspielte, einfache Aufgaben. Die Lage der Bedürftigen, der schmerzlich Betroffenen selbst gab gleich die Richtung, nach der die Hilfe gebracht werden konnte. Alles lag menschlich zugänglicher; es gab keine »Fälle«.

Im historischen Fortgang bedeutete aber auch neben den persönlichen und Einzelleistungen das Entstehen von Stiftungen und die Gründung von Vereinen keine Erneuerung der Fürsorgetechnik oder gar eine Einordnung derselben in notwendig werdende neue allgemeine Normen.

Die erste und einzige sachgemäße Abspaltung, die sich in der jüdischen Arbeit entwickelte, war, daß die Geldangelegenheiten der Vereine und Stiftungen meist Männern übertragen wurden, denen sie durch ihren Beruf oder durch persönliche Uebung technisch geläufig waren und die auch das nötige Vertrauen für dieses Amt genossen. Anderes Verständnis wurde selten verlangt.

Das erklärt den dominierenden Einfluß von Bankleuten und Advokaten in Stiftungen und Vereinen neben den sonst nur in erster Linie religiös bestrebten wohlmeinenden Stiftern, Gönnern und Pflegern auf dem Gebiete der Wohltätigkeit.

Daß eine religiöse Wohltat eine soziale Missetat werden kann, wenn man gewisse Versteinerungen und Willkürlichkeiten, die sich gebildet haben und die das Licht des Geistes, der die Guttat verlangt, verdunkeln, wenn man sie nicht aus dem Wege räumt, ist vielen Wohlmeinenden bis heute noch nicht ausreichend zum Bewußtsein gekommen.

Das erklärt innerhalb des jüdischen Gemeinschaftslebens an manchen Stellen das Vorhandensein großer Opfer, das heißt Geldgeberbereitschaft, und zugleich die gutherzige, kurzsichtige Regellosigkeit und Undiszipliniertheit, an denen der größte Teil der modernen jüdisch-sozialen Arbeit leidet.

Hier ist das deutsche jüdische Gemeindeleben an einem deutlich erkennbaren Punkte stehen geblieben: dort, wo für die Majorität der deutschen Juden der religiöse Gedanke nicht mehr stark genug ist, Bekenntniswille und Lebenswille zugleich zu sein.

Die Uebertragung der Guttat (als Zwillingsgedanke des religiösen Gebotes der Mizwah) auf das Gleis der disziplinierten sozialen Handlung, dieser Weg, der in eine große, schöne, belebte jüdische Welt hinausführen könnte, ist von den deutschen Juden nicht rechtzeitig erkannt und verfolgt worden.

Der große, fortreißende Zug sozialpolitischer Entwicklung, der sich in den deutschen politischen Kommunen aufbauend bemerkbar macht, hat das jüdische Gemeinde- und Vereinsleben nicht erfaßt. Zwar sind Juden und besonders Jüdinnen an allen Aeußerungen dieser Zeitbestrebungen lebhaft beteiligt; aber diese Beteiligung bedeutet für das jüdische Gemeinschaftsleben mehr einen Abfluß und Verlust an Kräften. An verhältnismäßig nur wenigen Stellen jüdischen Gemeinde- und Vereinslebens zeigen sich der Wunsch und das Verständnis, die Erkenntnisse und Methoden der sogenannten unkonfessionellen oder interkonfessionellen sozialen Arbeit auch zur Erhaltung und zur Stärkung des jüdischen Gemeinschaftsgedankens anzuwenden.

Hier liegt der Keim der Schwäche, des Rückganges, vielleicht auch einer bevorstehenden Auflösung des Judentums, wobei natürlich nicht mit Jahrzehnten, aber doch, wenn keine Besinnung eintritt, mit wenigen Menschenaltern zu rechnen sein wird.

Das Versickern der jüdischen Volkskraft wird aber noch durch einen anderen Umstand im höchsten Grade gefördert und beschleunigt. Die furchtbare Zerrissenheit in der Judenschaft selbst, der Ellbogenkampf, der vom Agudah-Mitglied bis zum Reformjuden in Sonntagstempeln, in Gemeinden, Vereinen und Verbänden um Wert, Bedeutung, Herrschaft und Vorherrschaft geführt wird, macht die Judenschaft innerlich verbluten. Das Fehlen von Solidarität und edlem Selbstbewußtsein in Momenten, wo nur die höchste Anspannung von Gemeinschaftsgefühl, Lebenswillen und Abwehrkraft den Feinden gegenüber gibt, schwächt die Judenheit nach außen und läßt einen weisen Nathan herbeisehnen, der uns über unseren Wert und unsere Würde als Träger unserer ethischen Mission unter den Völkern neu belehrte, und vor allem auch einen Ring wünschen, der vor Gott und Menschen angenehm machte.

Wenn wir nicht auf »einen interessanten Rest einer einst ethisch, intellektuell und wirtschaftlich bedeutsamen Religionsgemeinschaft« zusammenschmelzen wollen, dann müssen wir uns aufraffen, uns prinzipiell und organisatorisch einen neuen festen Zusammenschluß zu sichern. Dieser wäre auf die tragkräftige *soziale*Seite der jüdischen Gesetzgebung aufzubauen. Individuelles, Trennendes ist bewußt zu übergehen, das Gemeinsame um so besser herauszuarbeiten, ein Programm aufzustellen, in dem jeder Jude und jede Jüdin, auch wenn sie von ihrer Zugehörigkeit zum Judentum wenig mehr als ihre Abstammung kennen, ein interessantes, wichtiges, sympathisches Arbeitsfeld finden kann.

Als eines der wichtigsten, geistigen Kettenglieder für den Zusammenschluß der Judenschaft ist *die Mitarbeit der Frau an allen verantwortlichen Stellen*des jüdischen Gemeinschaftslebens zu nennen. Von ihrem Verständnis, von ihrem Willen und ihrer Treue hängt der Geist ab, der im Hause und in der Gemeinde herrscht; sie kann dem sozialen Leben Harmonie und gute Gesinnung geben, ebenso wie sie auch Mißton und Charakterlosigkeit verbreiten kann, wenn sie planlos, ihren nächsten Interessen entzogen, dahingeht.

Der praktischen Arbeit bietet ein solcher *Zusammenschluß* als ein *Verband für jüdisch-soziale Arbeit* ein unendlich umfassendes Programm, von dem hier nur die hervorragendsten Punkte anzudeuten sind. Da gilt es vor allem, sich in der jüdischen Wohlfahrtspflege auf die wirksamste Handhabung der Armenpflege nach bestimmten allgemeinen Normen zu vereinen in einer *Zentralisation des Armenwesens* unter praktischer und finanzieller Mitwirkung der Gemeinden.

Um deren Wirksamkeit zu erhöhen, ist die Einbeziehung der Vereine, Anstalten und Stiftungen als ein *Fürsorgerat des Armenwesens* besonders für die großen und mittleren Gemeinden nötig.

Um die Anstalten, Krankenhäuser usw. untereinander zu verbinden, ebenso aus Gründen der Ersparnis und der Sicherstellung für den Verbrauch (für Webwaren, Lebensmittel, Milch, Fett, Fisch, Kartoffeln, Kohlen, Seife usw.) empfiehlt sich *die Gründung einer großen Konsum- und Einkaufsgenossenschaft* der jüdischen gemeinnützigen Anstalten: wo es irgend angeht, wäre landwirtschaftlicher Betrieb (Lehr- und Arbeitsgelegenheit) einzuführen.

Bekämpfung der fahrlässigen Wohltätigkeit und Gewährung von Unterstützungen nach *volkserzieherischen Grundsätzen* .

Bekämpfung des Wanderbettels und des Hausierhandels unter den Juden, besonders bei Frauen und Jugendlichen.

Förderung von Berufsberatung und Arbeitsnachweisen für männliche und weibliche Lehrlinge, höhere Berufe, männliche und weibliche Arbeitssuchende.

Wohnungsfürsorge und Wohnungsnachweis.

Einrichtung von jüdischer *Sammelvormundschaft* für alle jüdischen Gemeinden Deutschlands.

Bereitstellung von Mitteln für *Erziehungsbeiträge* für jedes schutzlose und von der Familie getrennt erziehungsbedürftige jüdische Kind, ehelich oder unehelich.

Förderung aller Unternehmungen der jüdischen *Jugendpflege* .

Bekämpfung der Tuberkulose unter den Juden.

Einberufung von *Konferenzen* über Fragen aus den Gebieten der *Armenpflege, der Erziehung, der Sittlichkeitsfrage, Berufs- und Bildungsfragen, Bevölkerungsproblem* usw., *Preisausschreiben* für besondere Arbeiten oder für praktische Studien auf diesen Gebieten.

Förderung der Frühehe und aller darauf hinzielenden Unternehmungen usw., usw.

Dies ist natürlich nur in großen Umrissen der wesentliche Inhalt des Verbandsgedankens. Organisatorisch hätte er unter Führung einer Kommission des Deutsch-Israelitischen Gemeindebundes und engster Mitarbeit der großen bestehenden Organisationen alle Gemeinden dem Programme nach zusammenzufassen und vor allem dafür zu sorgen, daß an Stellen, wo zurzeit gutherziger Dilettantismus waltet, Sachkunde und Disziplin eintritt.

Tüchtige Berufsbeamte müssen dorthin berufen werden, wo es die Stetigkeit der Arbeit verlangt. Dabei kann und darf niemals und nirgends auf den Einfluß und das Mitschaffen der freiwilligen Hilfskräfte verzichtet werden, um nicht der papierenen Seele des Bureaukratismus zum Selbstzwecke zu verhelfen. Aber die freiwilligen Arbeiter müssen solche Frauen und Männer sein, die noch in engster Fühlung mit dem Leben stehen, die sich Zeit nehmen müssen und wollen, in klugem, treuem Walten eine wichtige Stelle auszufüllen, nicht Veteranen des Lebens, die noch Zeit haben.

Und für Nachwuchs in den Aemtern muß freimütig gesorgt werden, denn von der Qualität dieser Arbeit hängt die Kraft und das Gedeihen und damit die Zukunft des deutschen Judentums ab.

Weh' dem, dessen Gewissen schläft!

Funkspruch an Herrn Wilson, Präsident der Vereinigten Staaten

(1918)

Frankfurt a. M., 13. Dezember. Der Jüdische Frauenbund hat Wege gesucht, den Papst zu veranlassen, den polnischen Katholiken ein Wort gegen die Pogrome in Polen zu sagen, und ferner folgenden Funkspruch an Herrn Wilson gerichtet: An Herrn Wilson, Präsident der Vereinigten Staaten, Washington. Der Jüdische Frauenbund, die Zusammenfassung von 45 000 deutschen Jüdinnen, bittet Herrn Wilson, seine Aufmerksamkeit den grauenvollen Massakers zuzuwenden, die in der letzten Zeit in vielen Orten Polens, und in Lemberg besonders zahlreiche Opfer fordernd, an der jüdischen Bevölkerung verübt worden sind. Diese Morde an wehrlos gemachten Menschen um ihrer Herkunft und ihres Bekenntnisses zum Judentum willen sind schauerliche Rückfälle in mittelalterliche Methoden, auf deren Abstellung hinzuwirken wir jüdischen Frauen Sie, Herr Präsident, als modernen Verkünder und Schützer der Menschenrechte, herzlichst bitten. Für den Jüdischen Frauenbund Deutschlands: gez. Bertha *Pappenheim* , Vorsitzende. Frankfurt a. Main, 3. Dezember 1918.

Kinderlose Frauen

(1930)

Trotz der beiden Pole an Hysterie, die vor einigen Jahren in dem
»Schrei nach dem Kinde« ihren Ausdruck fanden, und die sich heute in der wilden Betonung des § 218 manifestieren, glaubt der J.F.B.
an ein natürliches stilles Sehnen in jeder Frau, ihrem Leben durch
die Existenz eines Kindes Inhalt und Fortsetzung zu geben. Nicht
jeder Frau ist in ihrer Ehe die Erfüllung dieses Glückes gegeben;
viele gehen ihren Weg in Verzicht und Entsagung, ohne Hoffnung
je noch diese Vollendung ihres Daseins finden zu können.

Der J.F.B. denkt dabei weniger an jene Frauen, die in der sozialen
Arbeit als solche sich heute schon mit dem Surrogat für die eigene
abgefunden haben, sondern ebenso, vielleicht noch mehr, an diejenigen Frauen, denen sich solche Wege nicht erschlossen haben.

Wir haben oft beobachtet, daß in solchen Frauen ein Schatz von
Liebe und Hilfsbereitschaft verborgen ist, der sich gern und leicht
zu Werktätigkeit umsetzt, wenn durch Zufall oder bewußt diese
Frauen in einen Pflichtenkreis von Mütterlichkeit hineingezogen
worden.

Aus diesen Erwägungen und Beobachtungen ist man auf den Gedanken gekommen, Frauen, die unbewußt eine Schicksalsgemein-
schaft vereint, auch zu einer gemeinsamen Aufgabe zu verbinden.
Diese Aufgabe bestände darin, den kinderlosen Frauen Erziehungs-
und Fürsorgeaufgaben zu stellen, in denen sie ganz individuell –
das Wort sei hier subjektiv wie objektiv verstanden – an Kindern
mütterliche Pflichten zu erfüllen hätten. »Für eine Frau gibt es keine
fremden Kinder«.

Es kann also jedes Kind in den Lichtkreis einer sorgenden Frau
gezogen werden.

Wir denken darum, daß – wie der Psalmist sagt – die Kinderlosen
den Weg suchen sollen, frohe Mütter zu werden, d. h. außerhalb
des Rahmens oder innerhalb der organisatorischen Kinder- und
Jugendpflege solche Auswirkung zu suchen, die sie sonst als bestes
geistiges Geben dem eigenen Kinde zugewandt hätten.

Der J.F.B. schlägt vor, daß ganz aus eigenem Vorgehen diese Frauen sich einigen, sich die Formen ihrer Aufgaben wählen und die Wege zu deren Erfüllung suchen. Es braucht nicht gesagt zu werden, welcher Quell persönlicher Freude und Genugtuung es für manche Einsame bedeuten wird, wenn sie, mitbeobachtend, mitberatend, mitfördernd, mit unterstützend den Lebensweg von Kindern und Jugendlichen (männl. und weiblich) teilweise begleitet und ihm nach ihrer persönlichen Kultur- Richtung geben kann.

Der J.F.B. will diese Idee in die jüdische Frauenwelt hineintragen, stellt sich zur Verfügung, die Schritte eines solchen Unternehmens vorzubereiten und glaubt, daß die gedachten mütterlichen Frauen dann selbst den Aufbau sowie den Inhalt des Bündnisses organisieren und durchdenken werden.

Wir bitten solche Frauen, die sich zu diesen Aufgaben bereit erklären wollen oder evtl. auch Namen solcher Frauen nennen können, an die dieser Aufruf nicht gelangt ist, ihre Adresse an den J.F.B. zu schicken. Der J.F.B. wird dann – nach gegebener Zeit – zu Vorbesprechungen einladen.

Antrag von Bertha Pappenheim.

Der Warschauer Internationale Kongreß zur Bekämpfung des Mädchenhandels

(1930)

An den Vorstand des Jüd. Frauenbundes, z.Hd. Von Frau Bettina Brenner, Leipzig.

Es scheint mir nicht nur für die im J.F.B. organisierten Frauen, sondern für die jüdische Welt im allgemeinen wichtig zu erfahren, wie sich der VIII. Internationale Kongreß zur Bekämpfung des Mädchenhandels in Warschau dargeboten hat. Ich berichte deshalb.

Um zuerst von dem Rahmen der Veranstaltung zu sprechen, ist zu erzählen, daß die bekannte polnische Gastlichkeit sich in liebenswürdiger Weise gezeigt hat. Die Gastlichkeit des polnischen Nationalkomitees, die besonders durch die »Dames Chauvinesses« (Stiftsdamen) in dem Stiftungshaus der Gräfin Potocka Formen so feiner, persönlicher Kultur trug, ließ alle begeisterten Worte des Dankes in den drei Kongreßsprachen nur eben das ausdrücken, was alle Teilnehmer empfanden. Auch große Empfänge in prächtigen kunstgeschmückten Räumen brachte die offizielle Note, die solchen Zusammenkünften eigen ist, ihre äußere Wirkung wenn auch nicht ihre innere Bedeutung zu unterstreichen.

Vom allgemeinen Standpunkte gesehen, bewegten sich die Verhandlungen in den bekannten herkömmlichen Geleisen von Frauen- und Kinderschutz: Paßfragen, Repatriierung von Prostituierten, Schutzalter, Auslandsstellungen für Mädchen, besonders als Artistinnen usw.

Neu aufgenommen war der nicht fernliegende Gedanke der Bekämpfung des Zuhälterwesens, der nach den Wegen und Umwegen, die einer Resolution vorgeschrieben sind, noch vieler Jahre bedürfen wird, um seine Keimfähigkeit zu beweisen!

Auch die Abolition der Reglementierung, die Aufhebung der Bordelle, diese Grundforderung jeglicher ernst gewollten Bekämpfung des Mädchenhandels, ist nach vieljährigen Kämpfen noch nicht in allen Ländern anerkannt. Es war nur ein winziger Ansatz einer etwas lebhafteren Bewegung in der Versammlung als Prof.

Uhde (Graz) mit dem ihm eigenen Pathos eine Entschließung verlangte, derzufolge der Völkerbundskommission für Frauen- und Kinderschutz kein Antrag empfohlen werden sollte, der nicht mit der abolitionistischen Linie übereinstimmt. Aber auch dieser Wunsch, der im Augenblick, da er ausgesprochen wurde, nur von ideologischer Bedeutung war, konnte sich durch die Stellung der lateinischen Länder (die wie der Osten, der Balkan u. a. nicht ohne Bordelle auskommen zu können glauben) und durch die ängstliche Haltung einiger Nationalkomitees in der Abstimmung nicht einmal zu einer warmen Einstimmigkeit, zu einer Resolution verdichten.

Mit diesen wenigen, uninteressanten Worten wäre der Kongreß im allgemeinen genügend charakterisiert, und indem ich noch beifüge, daß der nächste Kongreß in Berlin stattfinden soll, wäre der Bericht erschöpft, wenn nicht gerade von diesem Kongreß für die jüdische Welt mehr und anderes zu erwarten gewesen wäre.

Wenn ich nun in diesem Zusammenhang den in unserem Frauenkreise zum Kennwort gewordenen Begriff der Sysiphos-Arbeit gebrauche, so wissen Sie, daß ich damit die Stellung der Juden im Mädchenhandel und zu seiner Bekämpfung meine.

Ich setze als bekannt voraus, daß der Internationale Kongreß zur Bekämpfung des Mädchenhandels in Warschau 1930 der Ausgangspunkt hätte werden können, sich jüdischerseits zu unleugbaren Tatsachen zu bekennen und einen sauberen Bekämpferwillen zu dokumentieren, in einem Lande und in einem Kreise, in dem die Teilnahme von Juden am Mädchenhandel mit voller Sicherheit gewußt ist.

Statt dessen, war jüdischerseits (von Mr. Cohen, London) seit einem Jahre aller Einfluß daran gesetzt worden, für den Kongreß wieder eine nebelhafte Atmosphäre zu bereiten, in der die Fehler, die der jüdische Vertreter in Genf gemacht hatte, weichlich und schwächlich verhohlen blieben, auch ein Bericht über eine Reise in Argentinien konnte den Eindruck prinzipieller Verantwortungslosigkeit an führender Stelle nicht auslöschen.

In Privatgesprächen mit Christen hielt man auch mir gegenüber nicht zurück, zu betonen, wie schlimm es polnischerseits empfunden wird, daß die käuflichen Jüdinnen vielfach Polinnen sind.

Von autoritativer Seite erzählte man mir, daß eine Liste von 450 Mädchenhändlern bekannt sei, von denen 8/9 Juden sind: bei den Zuhältern bestehe das umgekehrte Verhältnis.

Im Warschauer Judenviertel sah ich in einem großen Hof zwei Sukkaus, in denen laut gebetet und gesungen wurde, und in den zugehörigen Wohnhäusern ringsum befinden sich nach lokalkundigster Angabe in verschiedenen Stockwerken 4 Freudenhäuser mit durchaus jüdischem Betrieb. (Dies ist nur als eine Stichprobe unerwünschter Verhältnisse anzusehen.)

Von jüdischer Seite war der Kongreß als solcher völlig unvorbereitet geblieben, trotzdem Sie (als J.F.B.) sich doch monatelang bemüht hatten, eine Vorbesprechung mit den jüdischen Frauenvereinen in Polen herbeizuführen.

Daß eine jüdische Frau eine kurze polnische Begrüßung, eine zweite einen Vereinsbericht vortrug, deckte sich absolut nicht mit Ihrem Vorschlag einer ausführlichen mutigen Stellungnahme zu dem ganzen Fragenkomplex des Mädchenhandels, der nun einmal von jüdischer Seite den anderen Konfessionen gegenüber einer differenzierten Bearbeitung bedarf.

Daß am Tage vor der Kongreßeröffnung sich eine Anzahl polnisch-jüdischer Frauenvereine zu einer Besprechung trafen, ist in dem vorgesehenen Zusammenhang belanglos.

Warschau ist eine Stadt mit 300 000 jüdischen Einwohnern, und da der Hauptrabbiner Universitätsprofessor Dr. Schorr krank war, hatte sich für die Reihe der Begrüßungsreden keine offizielle Persönlichkeit eingefunden, die neben der katholischen Geistlichkeit und der evangelischen Gemeinschaft einige Worte gesprochen hätte! Das kann nur an dem Mangel einer verantwortlichen Vorbereitung gelegen haben, denn die Gemeinde sowohl wie die Loge hätte sicher einen Vertreter delegieren können.

Kurz vor Schluß der Tagung konnte erst der Rabbiner ein paar Sätze zum Gruß sagen, in denen er berechtigterweise vorbrachte, daß die sozialen Verhältnisse unter den Juden im Lande an ihrer sittlichen Verwahrlosung mitschuldig seien, und daß das jüdische Gesetz sich scharf gegen Prostitution und Mädchenhandel ausspreche.

Ich hatte Einsicht in den französischen Text der kleinen Ansprache genommen, weil »man« in bedauerlicher Leisetreterei den ebenso berechtigten wie ohne jede Schärfe vorgebrachten Hinweis des Rabbiners auf die sozialen Verhältnisse im Lande als einen »überflüssigen Angriff auf die Regierung« bezeichnen zu müssen glaubte!

Was nun meine Anwesenheit auf dem Kongreß betrifft, so war sie wegen gewisser Imponderabilien und vielleicht auch sachlich nicht ganz unwichtig.

Als älteste Kongreßteilnehmerin und als einzige Frau, die seit dem Beginn der Bewegung zur Bekämpfung des Mädchenhandels als »habituée« aller VIII Kongresse in Warschau anwesend war, wurde mir der ehrende Auftrag zuteil, die Tagung in kurzer Rede zu schließen. Das war mir Gelegenheit, daß ich, nebst einem kleinen Rückblick auf die Kongreßarbeit und ihre hervorragendsten Träger, sagen konnte, daß bei allem Respekt vor den Aufgaben die sich die Kongresse von je her gestellt hatten, ich persönlich von ihnen nicht immer restlos befriedigt war. »Oft war mir das Tempo zu langsam, ebenso fehlte mir auf den verschiedenen Tagesordnungen immer die Besprechung von Erziehungsfragen, sozialen Fragen, Wirtschaftsfragen und Fragen der Duldsamkeit und Unduldsamkeit.«

Dieser Mangel bestand auch, allen guten Willen zugegeben, bei dem Kongreß in Warschau.

Restlos zufrieden mit dieser Tagung werden nur die Mädchenhändler gewesen sein, die wie man mir erzählte, zur gleichen Zeit in Warschau eine Tagung abgehalten haben sollen.

Mit bestem Gruß unveränderlich Ihre

Bertha Pappenheim
Isenburg 10.10.1930

Der Einzelne und die Gemeinschaft

(1933)

Das Schicksal, das uns Juden betroffen hat, zwingt uns, unsere Lebensformen dahin zu überprüfen, ob dieselben nach jeder Richtung und in jedem Ausmaß sich der Haltung anpassen, wie sie den Forderungen einer Zeit, die wir mit der eines Trauerjahres vergleichen und bezeichnen können, angemessen ist. Jeder Jude und jede Jüdin muß es von sich, seiner näheren und weiteren Umgebung verlangen, in stärkster Selbstbesinnung äußerste Zurückhaltung zu üben. Das heißt nicht, daß wir gedrückt oder deprimiert sein sollten, was gleichbedeutend damit wäre, daß wir den Lebensmut oder die freie Haltung verlieren. Das wollen wir nicht, und das dürfen wir nicht, nicht als Einzelne und nicht als Gemeinschaft. Es bedeutet aber, daß wir uns nur in weiser Ueberlegung und besonnener Bescheidenheit bewegen. Wir wollen alles vermeiden, was Aufsehen erregt und aufreizend wirkt, und was den besten Kulturforderungen widerspricht: in Sprache und Ton, in Kleidung und Auftreten, in allen äußeren Ansprüchen, die materiellen Genüsse betonen und in den Vordergrund rücken.

Wir wollen es als Pflicht erkennen, die oft zu laute, sprudelnd lebendige, oft zu selbstbewußte Jugend zu Hemmungen zu erziehen, sie beispielhaft so zu belehren, daß die Zeit ihnen eine Schule des Charakters sowohl wie rechtschaffener Bescheidung wird.

Abgewogene Rede in gemäßigtem Tone werde uns zur Gewohnheit; abwartendes maßvolles Verhalten in der Beurteilung geistiger Werte. Respekt vor unserer eigenen alten Kultur wollen wir von uns verlangen, und die nächste Zeit, die uns bewußt von Theater und Kino, Festlichkeiten, Vergnügungen, öffentlichen Lokalen, Stätten lauter Freude und Luxusorten fernhalten soll, soll uns auch die Zeit sein, die unsere Familienbindungen und religiöses Leben wieder stärkt, im Alltag, an Sabbat und Festtagen, und all das freundschaftliche Beisammensein belebt, in dem gute Bücher, Hausmusik, Kunst, Naturfreude wieder zu ihrem Recht kommen.

Vielen wird – wenn sich ihr Leben in solchem Rahmen bewegt – Zeit und Kraft bleiben, die unbedingt dazu verwendet werden muß, sich in den Dienst des Nächsten zu stellen, und auch dafür werden sich der Zeit entsprechende Formen finden, die eine ungeahnte Entwicklung der Persönlichkeit bringen können.

Vor allem aber sei die Zeit der Zurückhaltung auch eine Zeit der Sparsamkeit – für andere, deren Not ein ganz ungewöhnliches Maß erreicht. Liebe und Verstand, Kraft und Geld, sollen die Zeit, die uns von außen Entwürdigung und Schmach bringen soll, zu einer Zeit der Selbstachtung, der religiösen Verinnerlichung und der würdigen Selbstbesinnung werden lassen.

Der Ernst dieser Zeit kann Weg und Vorbereitung für eine gesunde, frohe Zukunft sein, in der natürliche Lebensbejahung wieder ihren Raum findet.

Bertha Pappenheim

Die jüdische Frau

(1934)

Die heutige Stellung der jüdischen Frau in Deutschland läßt sich nicht aus der Gegenwart allein begreifen. Ein kurzer Rückblick auf die vergangene und vorvergangene – vielleicht auch längst vergangene – Zeit ist dazu nötig, und günstig ist es, den Faden zurückzuverfolgen, soweit eine Heutige noch rückschauend Erleben, Erinnerung und Tradition als Hintergrund herantragen kann, um das Bild der deutschen Jüdin in eine richtige Perspektive zu setzen.

Es ist in letzter Zeit verschiedentlich versucht worden, in starken Frauentypen das jüdische Frauentum aufzuzeigen. Diese Versuche haben, durch die Jahrhunderte führend, schon rein der Zahl nach wenig Höhepunkte ergeben.

Nur mit Hilfe von Spezialstudien hat man für weite Epochen, von den biblischen Frauen abgesehen, in der Diaspora jüdische Frauen nachgewiesen, die über einen relativ kleinen Kreis hinaus Bedeutung gefunden hatten.

Viel genannt und aus der Ebene ragend ist Glückel von Hameln, die in liebenswerter und verehrungswürdiger Frauenart bedeutsam ist. Sie repräsentiert die jüdisch-deutsche Kultur ihrer Zeit, hat sie aber nicht beeinflusst. Ihre sehr eigenartige Aktivität war eine ganz interne, auf ihre – allerdings sehr große – Familie beschränkt. Wenn man nicht aus persönlichen Gründen die Memoiren der Glückel um ihres Menschentums willen »ausgegraben« und ihr damit viele Freunde gewonnen hätte, hätte sie außerhalb eines nicht sehr großen jüdisch-literarisch interessierten Kreises ihre Urstätt kaum gefeiert.

Es spannt sich hier ein ziemlich weiter und leerer Zeitbogen von Frau Glückel zu den Jüdinnen der vorvergangenen Zeit, jenen berühmten Frauen der Romantik, die in die deutsche Literatur eingegangen sind, die mir aber für die Entwicklung des deutschen, jüdischen Frauentums nicht maßgebend zu sein scheinen. Diese Frauen haben das Gleichgewicht zwischen ihrer jüdischen Herkunft und der deutschen Geistigkeit, in die ihr Schicksal gestellt hat, sicher nicht gefunden. Sie mögen ihre Andersartigkeit – um ein modernes

Wort zu gebrauchen – den christlichen Kulturträgern gegenüber, zwischen denen sie wandelten, oft selbst befremdend, vielleicht auch beunruhigend, empfunden haben, aber die geistige Nottaufe, die sie empfangen haben, wird als starkes Plus das von ihnen als solches empfundene jüdische Minus wohl nie ganz ausgeglichen haben.

Und doch bestand längst zwischen Deutschtum und jüdischer Frauenart ein erkennbares Zusammenfließen.

Natürlich war es in jenen vorvergangenen Zeiten, an die ich denke, nicht so, daß die Jüdin aus ihrer Kultur die christliche Welt beeinflusst hätte, aber doch war es so, daß die in ihrer religiösen Innerlichkeit jüdisch ganz intakt gebliebene Frau, deutsche Kultursplitter in ihren allgemeinen Habitus aufgenommen hat.

Frauentracht und Mode war immer – bis auf die religiösen Forderungen an die Haartracht und den Kopfputz – deutlich von der Landestracht beeinflusst. Den Niederschlag eines Einflusses von Deutschtum auf jüdische Frauenart findet man jedoch am merkbarsten in dem feinsten und doch stärksten Lebensfaktor der Menschen, in ihrer Sprache.

Die »unbekannte Jüdin«, von der keine Chronik erzählt, die in der sittlichen Ebene der jüdischen Gesetze ohne starke Erhebungen einzelner Persönlichkeiten lebte, war durch die Jahrhunderte Trägerin der ungebrochenen, selbstverständlichen Jüdischkeit und zugleich unbewußt die Hüterin alten deutschen Sprachgutes. Dafür sind die Frauenbibel (Zennoh rennoh) und die Maasse-Bücher in ihrem »Weiberdeutsch« (jiddisch-deutsch), und ich möchte fast sagen: in klassischer Form die Memoiren der Glückel von Hameln, historische Beweise.

Trotzdem diese Ebene eine beträchtliche ethische Niveauhöhe zeigt, kann man in ihr schon die Keime einer Kulturellen Diskrepanz im Leben der jüdischen Frau finden, wie sie in der gepflegten Anschauung lag, daß die Frauen »jüdisch sein« sollten, aber nichts lernen durften.

Das Volk der Bücher verschloß den Frauen den Zutritt zum jüdischen geistigen Leben, zu seinen Quellen; nur stückweise und zurechtgestutzt, sollten sie glauben und tun, ohne zu wissen, warum.

Keine Bes-Jakob-Schule, keine Erwachsenenbildung kann heute mehr gut machen, was an der jüdischen Frauenseele und damit an dem Gesamtjudentum gesündigt wurde, dadurch, daß man der unbekannten Frau den jüdischen Sinn des Lebens vorenthielt und nur ihre physische Kraft dem Manne dienstbar hielt. Die Frau des Juden durfte als ein Lasttier die Bausteine des Familienlebens tragen; stumpf sollte sie in ihrem Rhythmus bleiben.

Wie wurde sie aber gelobt und gepriesen, die Esches Chajil (Minnegesang bei gefülltem Fisch), wie wandten sich die männlich-menschlichen Gesetzesauslegungen gegen sie, deren Geist sicher auch empfänglich und bereit war!!! –

Diese sakro-sankt gewordene Haltung rächte sich schwer. Was man nicht kennt – oder nur als unbequem und lästig kennt – ohne den sittigenden Wert zu erkennen, achtet man nicht hoch, und ich sehe Logik und Tragik darin, daß die Frauen und Mütter der vorvergangenen Zeit ihre Kinder nicht mehr in dem Respekt vor dem Geistesgut der Tradition erziehen konnten. Der Faden war abgerissen und damit das Leerhaus vorbereitet, für das man heute so gern und ausschließlich die Emanzipation verantwortlich machen will.

Aber ich sehe auch ein kleines geistiges Rinnsal aus jener Zeit das Frauenleben anregen und sich bedeutsam entwickeln, vielleicht als natürliche Kompensation der versagten jüdischen Geistesbildung.

Das deutsche Sprachgut vermischt mit jüdischen Bestandteilen, das Weiberdeutsch, ist die schmale Brücke in eine Welt, die sich der jüdischen Frau im Laufe der Zeiten eröffnete. Gerade die Gleichgültigkeit, mit der man was Frauen und Mädchen lernten (in der Zeit der Frühehe gab es kaum eine Mädchenzeit im heutigen Sinn), im Gegensatz zu dem behandelte, was Knaben und Männer lernen und wissen mußten, brachte eine stetige und anfangs nicht beachtete Bewegung in die jüdische Frauenwelt.

Der sichtbarste Niederschlag dieser Jahrhunderte alten Einstellung und ihrer Wendung zeigte sich an einer Stelle einwandfrei und symptomatisch: in der Frequenz der Baron Hirsch-Schulen in Galizien mit seinen vorwiegend streng orthodoxen Volksteilen. Anfangs wurden diese Schulen heftig bekämpft, und zwar vom Cheder her; Knaben sollten sie nicht besuchen. (Allerdings wurden von der Leitung auch große Fehler gemacht).

Was die Mädchen lernten, nahm man nicht wichtig, sie besuchten die Baron Hirsch-Schulen, vielfach auch polnische Schulen, mit großem Eifer und immer stärkerer Ablehnung ihrer eigenen Familien und solcher Kreise, die in ihren religiösen und äußeren Lebensformen ihnen weniger »gebildet« schienen, als die »Fräulein«, wie auch die Eltern ihre Töchter respektvoll nannten.

Ich habe selbst feststellen können, wie in Oesterreich, Ungarn, Rumänien, Böhmen, Mähren, Polen, Galizien, Rußland in 3 Generationen das Jiddisch-Deutsch, das Weiberdeutsch, sich entwickelte, wie die Mittelgeneration zunächst die respektive Landessprache der deutschen Sprache gegenüber wenig pflegte, sie kaum rein, und als Schriftsprache garnicht beherrschte. (Charakteristisch ist, daß in den wohlhabenden Familien die jüdische Köchin immer deutsch sprach, das andere Personal die Landessprache). Es erhob sich gerade unter den jüdischen Frauen ein deutlich deutschgefärbter und betonter Bildungsdrang, der den zwei – in gehobeneren Schichten oft dreisprachigen Frauen (wenn französisch dazu kam), neue Kulturelemente zugänglich machte, allerdings das Jüdische nach Form und Inhalt zurücktreten ließ.

Von den Prominenten der Pressburger Judengasse und ihren Ausläufern und Ausstrahlungen an, durch das Wartezimmer des Rabbi von Sadagora und anderer Hochburgen der klassischen Orthodoxie bis zu dem Kreis der Familien Schmelkes, Ringelheim, Ginsburg, Lilien, Buber, Nussbaum, Mandelstamm und Motzkin konnte ich den Einfluss deutscher Sprache und deutschen Geisteslebens mit großer Ehrfurcht beobachten, aber gleichzeitig auch bei den Frauen das Zurücktreten des jüdischen Bewußtseins, oft schon zugunsten eines neu erwachenden Nationalbewußtseins; z.B. in Ungarn, Polen und den böhmischen, heut tschechischen Sprachgebieten.

Die Frauen gingen natürlich an den Hohen Feiertagen, die Aelteren auch am Samstag, in den Tempel, aber sie konnten dem Gottesdienst nicht richtig folgen. Hier beginnt schon die Bruchstelle, die in späteren Jahrzehnten zur liberalen und zur Reformliturgie führt. Wäre es nicht sinnvoller gewesen, die Frauen – und natürlich nicht nur die Frauen – der Gemeinde zum Verständnis des Gottesdienstes zu erziehen, als später einen Gottesdienst zu konstruieren, der sich unhistorisch und traditionslos dem versagenden Verständnis der Gemeinde anpaßt?

Die Tatsache bestand aber: die Frauen verstanden in der Mehrzahl weder die in einer Mischsprache mit hebräischen Zitaten durchzogenen Predigten, noch die Toravorlesung, noch den Wortsinn der Gebete, wenn sie sich auch meist ohne Kewonoh (Andacht) äusserlich dem Gang der gottesdienstlichen Handlungen anschließen konnten. Die alten Frauen mit Stirnbindel oder Scheitel sah ich allenthalben über ihren dicken, in Raschischrift gedruckten Büchern bitterlich schluchzen; die nächste Generation schwätzte und hatte schon in Quadratschrift gedruckte Gebetbücher, meist mit deutscher Uebersetzung, verlegt in Rödelheim, Wien und Prag. Wilna, Amsterdam und Krakau als Druckort ohne »Tatsch« (Deutsch) sah ich selten, doch mag das an mir gelegen haben.

Aus meinem Erfahrungskreis, den ich in den vorliegenden Zusammenhängen nur andeutungsweise heranziehen kann, muß ich feststellen, daß die jüdischen Frauen aller Schichten und Länder, zu denen ich gelegentlich sprechen konnte, für Vorschläge und Anregungen auf sozialem Gebiet rasches Verständnis hatten. Den Männern waren sie gleichgültig oder unbequem.

Die Frauen mit Tradition im Blut und im Gehirn zeigten zur praktischen Ausübung des Gebotes der Nächstenliebe in den der kommenden Zeit angepaßten Formen eine verständnisvolle Bereitschaft. Damit erkannte ich auch in der unbekannten Jüdin, innerhalb des Judentums, in der Diaspora, die Garantin, große entwicklungsfähige Aufgaben ausführen zu können. Diese Ueberzeugung nahm ich von Reisen immer wieder mit mir nach Deutschland, in meine tägliche Arbeit, deren Radius ich nicht eng sah.

Um die Entwicklung der deutschen jüdischen Frau aus meinem eigenen Gesichtswinkel zu schildern, war es nötig, in Vorstehendem den Hintergrund zu skizzieren, auf dessen Erleben sich für mich diese Entwicklung aufbaute.

Ich sehe drei tiefe Kerben in dem jüdisch-geistigen Leben der Frau unserer Zeit.

Die erste Kerbe kennzeichnet die Epoche, in der sich aus dem oft gedankenlos angewandten Gebot der Mizwoh, dem Nächsten zu helfen, durch die veränderten Zeitläufte die Notwendigkeit ergab, aus der aufgeblasenen Philanthropie und aus dem blinden Almosen-geben ein sinnvolles, verantwortungsvolles Tun werden zu lassen.

Die Gemeinde Frankfurt a. M. bot vor 50 Jahren einen ebenso reichen, wie schwierigen Boden für solche Bemühungen.

Es war darum nur ein verhältnismäßig kleiner Kreis von unbekannten Frauen (orthodoxen, wie liberalen), denen in Frankfurt der Gedanke weiblicher Fürsorge in ihren verschiedenen Tätigkeitsgebieten als Notwendigkeit klar wurde, und die in bescheidener, unermüdlicher, heiliger Kleinarbeit den Boden der Kehillo Kedauscho umackerten, um alte Kulturen zu pflegen und neue zu pflanzen. Dankbar sei dieser ersten Frauengeneration gedacht, die diesen Gedankengängen willig folgten, während die Männer ihnen hartnäckig Widerstand leisteten. Es ist interessant – trotz der nur skizzenhaften Darstellung – hier das Kuriosum zu verzeichnen, wie innerhalb dieser 50 Jahre aus dem männlichen Widerstand gegen eine Organisation der sozialen Arbeit eine Hypertrophie der Organisation geworden ist – bis zur fixen Idee einer alles umfassenden, jede persönliche soziale Leistung tötende »Dachorganisation«.

Diese in Frankfurt a. M. auf religiösem Humus bodenständig gewordene soziale Arbeit hätte keine über die Gemarkung der Stadt hinausgehende Bedeutung gefunden, wenn sie nicht von der Seite der allgemeinen deutschen Frauenbewegung Auftrieb und Bestätigung gefunden hätte. Aus dieser neuen Verschmelzung deutscher Kulturelemente mit jüdischem Kulturgut entstand eine geistige Substanz, die sowohl für die deutsche Frauenbewegung, wie für das jüdische Leben von höchster Bedeutung wurde.

Gerade die Jüdinnen, von denen viele es zu jener Zeit garnicht sein wollten, waren in ihren sozialen Stellungen keine »unbekannten« Frauen mehr. Diese Frauen, die garnicht wußten, wie jüdisch sie ihrer tiefsten ererbten Geistigkeit nach waren, bewährten sich als tragkräftige Stützen der deutschen Frauenbewegung; diese Bewegung wiederum brachte dem schüchternen, unsicheren Voranschreiten des jüdischen Frauenwollens Weg- und Zielsicherheit.

Aus dem deutschen, wie aus dem jüdischen Frauenleben, ist dieses Zusammenfließen der beiden Kulturen garnicht fortzudenken und niemals auszulöschen. Alle Frauen, welcher Stellung oder Richtung sie heute angehören mögen, stehen – ihnen selbst unbewußt – auf den Schultern dieser Kämpferinnen für die Gleichberechtigung der Frau auf allen Gebieten, die nicht in der Naturgegebenheit des Weibes ihre Grenze fand.

Für die an der sozialen Entwicklung zunächst Beteiligten, bewußt und bekennend jüdischen Frauen war das Erlebnis dieses Zusammentreffens ein Höhepunkt ihres Daseins und wurde der psychologische Moment zur Gründung des Jüdischen Frauenbundes. Die Tendenz dieses Bundes ist durch 30 Jahre unverändert jüdischreligiös und deutsch-kulturell geblieben. Heute ist es bedeutsam, festzuhalten, daß die Frauen, die sich in der Leitung des Jüdischen Frauenbundes zusammenfanden, ihre Familienherkunft teils Jahrzehnte, teils Jahrhunderte als Deutsche, auf deutschem Boden lebend, herleiteten.

Aber nicht alles, was die deutsche Frauenbewegung und jüdischen Frauen – wenn auch oft nur auf Umwegen – brachte, war uns gut und bekömmlich. Hier zeigte sich die negative Seite der Beweglichkeit und der Anpassungsfähigkeit des jüdischen Geistes zum Schaden seiner selbst. Schlagworte, wie »neue Ethik«, »Jahrhundert des Kindes«, Debatten über den § 218, Geburtenregelung, Auswüchse der Jugendbewegung, die von der Jüdin oft als eine Moderichtung ohne gebührende Kritik und Einschränkung aufgenommen wurden, ließen in vielen Frauen die Bedeutung der Errungenschaften auf allen anderen geistigen und sozialen Gebieten überwuchern.

Die Zeit hat uns seither wieder vieles umwerten gelehrt. Wir haben jedoch den Aufstieg erlebt, wir haben gelernt uns geistig in einer Atmosphäre zu bewegen, die uns sonst nicht zugänglich gewesen wäre. Und hätten wir nichts gewonnen und übernommen als die Bewegung zum Stimmrecht der Frau in der jüdischen Gemeinde, es wäre genug gewesen.

Die Bestätigung dieses Mitbestimmungsrechtes der Frau, daß ihm »religionsgesetzlich nichts entgegensteht« verdanken wir dem Frankfurter Rabbiner Nobel. Sein Andenken sei gesegnet mit dem des Rabbi Gerschon, der im Jahre 1000 die Einehe eingeführt hat.

Eine andere Kerbe im jüdischen Leben der kurz vergangenen Zeit ist der Zionismus, dessen stärkere Einwirkung auf die Frau allerdings jünger ist als die Bewegung selbst.

Da ich die Aufgabe übernommen habe, der Gestaltung des modernen jüdischen Frauentyp nachzugehen, sehe ich mich plötzlich vor die Notwendigkeit gestellt, mir selbst, die ich doch allen Erscheinungen und Bewegungen des jüdischen Lebens bewußt das gespannteste und ein tunlichst aktives Interesse entgegenbringe, Rechenschaft darüber zu geben; wie ist es für mich erklärlich, einem solchen historischen Geschehen, wie der Zionismus für das Judentum ist, fremd, ohne persönliche Mitarbeit, z.T. sogar ablehnend zu bleiben?

Ich glaube in gründlicher Gewissensforschung sagen zu müssen, daß der tiefste Grund darin liegt, daß die Zionisten – nicht der Zionismus – von den ersten Äußerungen der Bewegung an alle die Frauenaufgaben, die ich als unbedingt lebenswichtig erkenne, aufstelle und verteidige, als quantité négligable behandelten.

Dazu kommt noch, daß ich von Theodor Herzl, dem späteren jüdischen Nationalheiligen wußte, daß seine Jüdischkeit relativ sehr jungen Datums war.

Herzl war Journalist, der den Wienern meist ihren gerngelesenen Sonntagsbraten in der »Neuen freien Presse« lieferte.

Für die Kreise, denen ich entstamme, war er das, was man damals noch nicht mit dem Wort »Assimilant« bezeichnete aber ablehnte; dazu kam für mich – vielleicht auch für andere – das Herzl's »Neuland« als direktes Nachfolgebuch nach dem »Rückblick aus dem Jahr 2000« von Bellamy erschienen war.

Daß dieses Buch – wichtig es zu unterstreichen: dieses *deutsche* Buch, das von den polnischen und russischen Juden nur auf Grund ihres jiddisch-deutsch gelesen werden konnte, – diesen Juden eine Erleuchtung war, einen Erlösungsgedanken brachte, lag in der grauenhaften geistigen und physischen Verkrampfung, dem barbarischen Druck, in dem sie lebten.

Sicher hat der deutsche Journalist Herzl das Buch gemacht, aber das Buch hat auch durch eine ihm selbst überraschende Rückwirkung den Autor »gemacht«. Der assimilierte Wiener Jude konnte aus seiner ganzen damaligen inneren und äußeren Haltung nicht ahnen, daß er eine Trompete blies, die eine Fanfare wurde, – und ein Schofar hätte werden können; denn um ein altes jüdisches Wort zu gebrauchen: Es kommt alles auf den Mekabel (den Empfänger) an.

Ich bewegte mich zurzeit der Anfänge des Zionismus viel in den Ländern, die man heute als Osteuropa bezeichnet, aus der mir selbst gestellten Aufgabe, das jüdisch-soziale Leben dort aus einer gewissen Versandung, Verwahrlosung und Vergewaltigung heben zu helfen. Ich sah in der subjektiven und objektiven Auffassung des Frauenlebens dort *einen*Grund zu dieser Versandung und Verwahrlosung und hatte einen Augenblick gedacht, sogar gehofft, der angewandte Zionismus würde zu einer Regeneration helfen. Weit gefehlt! In uferlosen, gereizten Debatten mit vielen unbekannten Zionisten wurde mir immer wieder gesagt: Zionismus ist eine rein politische Bewegung, die mit sozialen und religiösen Dingen nicht zu verquicken sei; Mädchenhandel gibt es nicht; Prostitution ist eine internationale Notwendigkeit; Geschlechtskrankheit ist persönliches Pech und was ähnliche Argumente mehr waren. Alles kulturlos: Formen, Ton, Rücksichtslosigkeit, Pietätslosigkeit in allen Lebensäußerungen. Ich beobachtete einen Kongreß in Wien, eine Versammlung in Karlsbad und fand keine Möglichkeit für mich, mitzugehen, mich heranzufühlen, – auch später nicht, als die Zionisten immer lauter fordernd und störend auch in das deutsche Gemeindeleben eingriffen und Religion als Privatsache innerhalb der jüdischen Nation erklärten.

Ich widerstehe der angekurbelten Versuchung, die Betrachtung »Wie ich den Zionismus erlebe« weiterzuspinnen. Wenn der Zionismus auch nie aufhörte, ein Stimulus des Denkens und Beobachtens für mich zu sein, so ist doch die Einflußnahme der zionistischen Bewegung auf die deutsche Jüdin ganz außerhalb meines persönlichen Nachdrucks oder meiner Zurückhaltung vor sich gegangen. Ich konnte beobachten, daß die Frauen von den zionistischen Männern nur sehr zögernd und in Sonderbezirken zugelassen wurden (hauptsächlich zu Geldsammlungen), daß die zionistischen Frauenorganisationen geistig und geldlich sich in absoluter Abhängigkeit nur langsam und unselbständig entwickelten und, wie ich glaube, ihr Rückgrat und ihre beste Kraft aus Amerika bezogen.

Allerdings scheint es, daß es den nationaljüdischen Kreisen auch in Bälde zu dämmern begann, daß eine Nation, und vor allem eine Kolonisation des bewußten, gereiften Frauenwillens und -Wirkens zur Sicherstellung der Existenz bedarf. Hoffentlich wird man im jüdischen Palästina auch bald zu der Erkenntnis kommen, daß kollektivistische Zeugung und Kinderaufzug keine aussichtsreiche Basis für den Bestand einer »Nation« sind. Ich hoffe dabei von dem starken Eindruck der großen deutschen Alijah an kulturellem Einfluss. Kindergarten und Krippe sind nicht nur unübersetzbare deutsche Worte, sondern auch pädagogische Begriffe, die nicht mißbraucht und mißdeutet werden dürfen. Kindergarten und Krippe sind Surrogate, die eine gesunde Familie nicht gebrauchen soll; sie dürfen auch nicht als Erwerbsinstitute propagiert werden. Das Kind gehört – nach einem guten deutschen Wort – an das Schürzenbändel der Mutter. Alles andere ist ein Unglück oder eine sozialpolitische Fehldisposition.

Im ganzen ist jedoch zu sagen, daß der Zionismus auch für die deutsche Jüdin ein anregendes Element war, soweit es aus den propagandistischen Wellengängen des jüdischen Nationalismus *gefördert*wurde, und daß er auch im Jüdischen Frauenbund – wenn auch nicht kampflos, so doch ganz berechtigterweise – Eingang gefunden hat. Eine starke Bereicherung des geistigen Lebens vermochte ich durch das Auftauchen der zionistischen Frauen aus der Ebene nicht zu erkennen, und es war lediglich Temperamentsache der Einzelnen – Zionistin oder Nichtzionistin – ob sie sich trennend, reinigend oder befriedend betätigen wollte.

Heute ist an zwei Stellen ein Versagen der deutschen Jüdin deutlich zu sehen.

Zunächst in der jüdisch-sozialen Arbeit, wo sie sich zerorganisierte. Die Frauen mußten sich vielfach aus ihrer freiwilligen Tätigkeit hinausdrängen lassen zugunsten routinierter Kräfte, die, einfach passiv schon, verhinderten, daß die soziale Arbeit als solche auf weite Frauenkreise ihren erzieherischen Einfluss ausübte, – auf die Frauen nicht nur, sondern auch, wo sie nicht übertrieben wurde – auch auf deren Umgebung. Freiwillige soziale Arbeit ist als Lehr- und Erziehungsmittel eine der stärksten sittlichen Potenzen jeder

Gemeinschaft, besonders aber der jüdischen, in der auf uralte, gebotsmäßig geübte Fähigkeiten zurückgegangen werden kann.

Das Uebel, gewisse technische Leistungen weniger prompt und geschickt auszuüben, ist das kleinere, der Versandung des jüdischen Pflicht- und Verantwortungsbewußtseins der freiwilligen Helferinnen gegenüber. Es ist unklug von den Gemeinden, auf ein sittliches Training ihrer Mitglieder zu verzichten, und zu mechanisieren, was ein Zusammenklang potenzierter Imponderabilien ist. Es gibt in allen Betrieben Stellen, die beamtet besetzt werden müssen, aber die mit Gottähnlichkeit ausgestatteten Funktionäre (männlich und weiblich) können jede Saat im Felde des Gemeinschaftslebens zertreten und dadurch auch die Steuerzahler desinteressieren. Das ist nicht gut!

Man verlange die Esches Ckajil in der Gemeinde! Allerdings war in der jüngst vergangenen Zeit auch bei den Frauen wenig Streben und Eignung, solche Aufgaben mit Ernst zu erfüllen. Auch dort, wo schon kleine Pfade dazu getreten waren, verstanden die Gemeindefrauen und die Organisationen Zugelassenen nicht, ihre fraulichen Spezialaufgaben klar und eindeutig heraustreten zu lassen und durchzusetzen. Wichtig genommen wurde, wo in jener Epoche in jüdischen Kreisen noch ein Mittelstand – zwar nicht in Tradition sondern in Erinnerung – lebte, der Bubikopf, die schlanke Linie und eine Art von Bildungsfimmel, die ich als Wochenend-Ssechel (Verstand) bezeichnen möchte. Aber so wie bei dem heißesten Bemühen und großen Opfern an Schokolade und Kartoffeln die Frauen doch an den falschen Stellen dünn wurden und dick blieben, so wurden sie auch durch Vorlesungen und Arbeitsgemeinschaften an den falschen Stellen gescheit und blieben an den andern – ungescheit.

In dem Gesamtbild sind die Ausnahmen selbstverständlich zugestanden, besonders dort, wo materielle Sorgen ihre Schatten warfen und manche Frauen zu stillem Heldentum reiften. Diesen Unsichtbaren und Unhörbaren sei ob ihrer Haltung und Würde gedankt.

Einschneidender als die bisher geschilderten Vorgänge und Bildungen – alles vom Standpunkt des Frauenlebens dargestellt – ist, was die Jüdin unserer Zeit als Erzieherin bedeutete, d.h. was sie nicht bedeutete, wo und wie sie versagte. Der Vorwurf des Versagens, das muß in aller Deutlichkeit ausgesprochen werden, trifft nicht die Frau allein, die ja ein Erziehungsprodukt des Mannes ist (ich will nur flüchtig auf die Folgen hindeuten, wenn eine Frau außer dem Haushaltungsgeld kein Geld zur Verfügung hat). Der Vorwurf trifft die Juden im allgemeinen, für die vorliegenden Ausführungen die deutschen Juden im besonderen.

Seitdem der Einfluss des einzigen jüdischen Erziehers und Realpädagogen, Moses, in seinen lapidaren Geboten im Leben der Juden an Gesetzeskraft verlor, zerfloß die sittliche Atmosphäre der Juden in nebelhafte Gebilde. Es gibt keine Erziehung, es gibt keine Erzieher mehr. Jede Unart, jede Ungezogenheit, jede Unsitte, jeder Unsinn, jede Hemmungslosigkeit, jede Geschmacklosigkeit, jede Taktlosigkeit, jede Tatenlosigkeit, jede Gesinnungslosigkeit werden historisch und psychologisch erklärt. Die Erklärung wird zur Entschuldigung ausgebaut. Tradition wird nicht als Verpflichtung gezeigt, sondern feige und bequem als Hintergrund von Kulissen aufgestellt. Es gibt keine Forderungen, nicht vom Mann, nicht von der Frau, nicht an Mann und Frau, nicht an die Kinder, an die Jugend, die man verzieht, statt sie zu erziehen.

Erziehen, nicht als Worterklärung, heißt Fordern: erst von sich, dann von den andern. Fordern mit dem Ziel vor Augen, kein Unrecht zu tun, kein Unrecht zu dulden, d. h. die Diffamierung *in Unrecht* setzen. Wahrhaftigkeit und Lüge unterscheiden lehren, Schönheit zu sehen und zu pflegen in Natur und Kunst und Liebe zu üben, Liebe, die so stark liebt, bis zum Hass dessen, was *unrecht* und nicht liebenswert ist, – alles in der verständnisvoll nachsichtig – unnachsichtigen Strenge eines gottgewiesenen Weges.

»Der Weg ist alles, das Ziel ist nichts«.

Man beklagt, daß man keinen »Gemeinschaftsgedanken«, kein Ideal habe, als erzieherisches Postulat für die Jugend! Ist es denn für einen Juden und eine Jüdin keine Aufgabe, aufrechte, bekennende jüdische Juden zu sein, welttragende Gebote in der Welt zu vertreten? Ist das kein Postulat, kein Ideal, dem nachzuleben das Leben wert ist? Und gerade in der Diaspora, für uns in Deutschland, dessen deutscher Kultur »Tarbut Germania« wir so unendlich viel verdanken, so viel, daß es Dummheit und Undank wäre, sich davon losreißen zu wollen?

Wir können es garnicht.

An dieser Stelle wäre noch ein Wort über das zu sagen, was heute unter dem Kennwort »Haltung« verstanden wird. Zwar ist die Distanz zu der unbekannten Frau der letzten zwei Jahrzehnte noch nicht groß genug, um echte Kontur von zufälligen Auswüchsen zu unterscheiden, d. h. ein ganz richtiges und gerechtes Bild zu geben, aber die Schnellebigkeit der modernen Zeit gestattet doch, ohne zu oberflächlich zu werden, im Rahmen dieser Ausführungen der »Haltung« der jüdischen Frau zu gedenken. Sie ist nicht tadellos, sie ist nicht schuldlos an der Beurteilung und Verurteilung, die der jüdischen Gemeinschaft zuteil geworden ist. Die politische und geistige Befreiung hat die Jüdin nicht dazu geführt, sich in allen Lagen, ihrer Würde und Aufgabe im engeren wie im weiteren Kreis bewußt zu bleiben, – besonders die sorglose Frau sündigt. In Fragen des Zweifels, der Unsicherheit muß jederzeit die Entscheidung nach der Seite der Bescheidenheit, der Zurückhaltung, der Geräuschlosigkeit und der Einfachheit in Erscheinung und Lebensführung fallen.

Wir sind füreinander verantwortlich, einerlei wo der Einzelne steht. – Wir sind an ein Gemeinschicksal gebunden, und damit kam für uns deutsche Juden die dritte Kerbe, der furchtbare Nackenschlag am 1. April 1933. Wie hat er uns getroffen! Wie werden wir ihm, wie werden wir der Diffamierung, der Verelendung standhalten?

Durch Selbstmord des Einzelnen? Durch Selbstmord der Gemeinschaft? Durch Auslöschen der Erinnerung an die Vergangenheit? Durch Klagen und Verzichten, durch Wandern und Umschichten, durch Abwarten, durch Philosophie oder Leichtsinn?

Mag jeder tun, Mann und Frau, was sie aus ihrer Schwäche oder ihrer Kraft, aus der Tiefe und dem großen Gesetz ihres Schicksals – unseres Schicksals – tun müssen. Nur wollen wir Juden bedenken, daß wir von überall in der Welt, aus der Diaspora – und auch Palästina ist Golus und Diaspora – den Gipfel des Berges Sinai sehen können.

25.8.34, Isenburg
Bertha Pappenheim

Das jüdische Mädchen

(1934)

So wie die jüdische Frau, ist auch das jüdische Mädchen nicht in einer modernen Momentaufnahme so zu knipsen, daß man in ihrem Bild auch die Hintergründe des Gewordenen sieht.

Um das zu erreichen, muß man schon an die sehr dehnbare Zeitbestimmung »bei den alten Juden« zurückgreifen, um für eine Darstellung von heute etwas Relief zu bekommen.

Bei diesem Vorgehen kommt man zu der eigentümlichen Feststellung, daß, während dem Geschlechts- und Eheleben der Juden die höchste Bedeutung zugesprochen wird, die beiden für diese Vorgänge unersetzlichen Partner nur sehr ungleich gewertet werden – als wenn nicht Gottes- und Weltdienst sich erschöpfen und auslöschen müßten, wenn sich nicht die Andersartigkeit von Mann und Frau in diesem Dienst ergänzen würde.

Die ungleiche Bewertung zweier Kategorien von Geschöpfen, die absolut aufeinander angewiesen sind, ist nur dadurch erklärlich, daß die männlichen Gesetzgeber und -Ausleger sich eine Vorzugsstellung zugebilligt hatten, die im Laufe der Zeiten zu einer Weltanschauung wurde, die allerdings bei starker weiblicher Solidarität – die es nicht gibt – durch einen amüsanten Frauenstreik hätte über den Haufen geworfen und ad absurdum geführt werden können.

Trotzdem den alten Juden die Erfahrung der Unentbehrlichkeit der Frau nicht entgangen sein konnte, wird das weibliche Kind bei ihnen als ein Geschöpf zweiter Güte betrachtet. Das geht schon aus dem verschieden betonten Empfang eines neuen Weltbürgers hervor.

Wenn nach der glücklich überstandenen Geburt der Vater oder andere Anwesende die Wehmutter fragten, was »es« ist, dann konnte die Antwort entweder befriedigt einen Knaben melden oder – mit deutlichem Mitgefühl an der Enttäuschung: »Nichts, ein Mädel«, oder: »Nur ein Mädel«. Damit war nicht nur die monatelange Spannung gelöst, sondern auch viele frohe Hoffnung für einige Zeit zurückgestellt.

Alle Mizwaus und Gebräuche, die für die Geburt eines Knaben um seine Aufnahme in den Bund vorgesehen sind, werden mit »nur« einem Mädel gegenstandslos und ausgeschaltet, und alle Wünsche und Hoffnungen für das Kind selbst sind weniger stolz und zukunftsreich.

Das Mädchen bekommt seinen Namen ohne besondere Feierlichkeit (mit Ausnahme von Süddeutschland, wo die hübsche Sitte des Hole Krasch etwas Farbe in die Monotonie des jungen Daseins bringt). Dabei unkte die Fama, daß »alle Schönchen miess und alle Gütelchen bös« sind. Es wird nur besonders wichtig genommen, welche Haar- und Hautfarbe das Neugeborene haben wird.

Daß alle jüdischen Kinder vom ersten Atemzuge an besonders schön und gescheit sind (die Glückel von Hameln ist eine klassische Zeugin dafür) unterliegt seit Jahrtausenden bis in die heutige Zeit keinem Zweifel. Nur bleibt die Frage, woher in unserer Gemeinschaft die anderen kommen.

Aber es gab auch bei den alten Juden für die unerwünschten Mädchen verschiedene Grade von Schönheit.

Rote Haare sind (trotz Tizian) immer sehr unbeliebt gewesen; schwarze Haare und dunkler Teint waren in Ansehung der Königin Saba (die schwarz-betamt war) zulässig; das Beliebteste für ein Mädchen war immer blond mit heller rosiger Haut. Das ging oft so weit, daß die rötlichen und bräunlichen Kinder von den Großmüttern immer blond gesehen und entsprechend beschrieben wurden.

Für die gute alte Zeit ist es auch wichtig und bezeichnend, daß es kein Kopfzerbrechen über pädagogische Probleme gab. Die Basis der Erziehung war durch das jüdische Gesetz und seine Forderungen an das Leben genormt, und Bildungselemente außer den jüdischen fanden in der Familie nur wenig Eingang.

Im Osten war für die Knaben vom 3. Lebensjahre an der Cheder die Lernstätte. Mädchen pickten nur gelegentlich das Wenige auf, das sie wissen durften oder wollten. Im etwas vorgeschrittenen Westen war bei den wohlhabenderen Familien das Hauslehrersystem üblich, durch das Bachurim und Studenten eine gewisse Geistigkeit in die Familien brachten und im Austausch manches Stück Kultur und Zivilisation einheimsten.

Aber für das Leben der Mädchen und ihre individuelle Belehrung und Bildung waren nur wenig Vorkehrungen getroffen, weil ihr Lebensziel ganz in einer möglichst frühen Eheschließung gesehen wurde.

In einem Alter, in dem wir heute geneigt sind, die Mädchen noch als halbe Kinder anzusehen und so zu behandeln, war das jüdische Mädchen der Ghettozeit schon verheiratet oder doch verlobt. Diese Verlöbnisse und Frühehen wurden sehr oft ohne jedes Befragen und Hinzutun der jungen Partner von den beiderseitigen Eltern gründlichst vorbereitet, verabredet, in allen Einzelheiten vertragsmäßig festgelegt und von allen Beteiligten ohne jede Romantik hingenommen.

Die »Aufklärung« der vielfach ganz ahnungslosen Braut soll oft unter den stärksten seelischen Erschütterungen unter beiderseitigen Tränenströmen nach der Trauung von der Mutter vorgenommen worden sein. Hier scheint mir für unsere Zeit atavistisch der Ausgangspunkt (historisch vielleicht noch nicht einmal der tiefste Ursprung) für psychologische und sexuelle Möglichkeiten zu liegen, die der Auffassung der heutigen Zeit als Auswüchse und krasse Zumutungen erscheinen: Mädchenhandel und Certifikatsehe. Diese leichtfertige, kurzsichtige Art, über Zeit und Ort hinweg Bindungen anzubahnen, die keinerlei seelischen Zusammenklang zur Voraussetzung haben, denen aber auch die Voraussetzungen einer Vernunftehe fehlen, die an den heutigen kulturellen Gegebenheiten zerschellen müssen, und die Mädchen, resp. die Frauen zu den Leidtragenden werden lassen.

Das Ende der kurzen Mädchenzeit wurde herkömmlich und religionsüblich damit festgelegt, daß der jungen Braut innerhalb des Hochzeitszeremoniells, bei dem »Bedecken«, auch unter Tränen, das Haar abgeschnitten wurde, um den zerstörten Reiz durch einen meist mißfarbigen »Scheitel« oder eine den Haaransatz bis zur Stirne bedeckende umfangreiche Haube zu ersetzen. Die Haube war natürlich keine nur jüdische Haartracht. Diese kunstvollen Gebilde aus bunten Bändern und oft sehr kostbaren Spitzen bildeten im allgemeinen das Abzeichnen der fraulichen Würde, und – »unter die Haube zu kommen« und einen Kapotthut zu tragen, war allerwegen Traum und Ziel der Jungfräulein.

Trotz allem, was uns heute als befremdlich und überlebt berührt, scheint doch, als ob gerade in dem unsentimentalen, dem »konventionellen« Vorbedacht, in der vorsichtigen, gründlichen Erwägung der beiderseitigen tatsächlichen Verhältnisse und Ansprüche der Ehepartner, das Familienleben und das Familienglück eher eine Stärkung als eine Schwächung erfahren hätte.

Selbstverständlich in jener Zeit war, daß jedes jüdische Mädchen heiratete. Der »graue Zopf« der Unverheirateten, die alte Jungfer, war ein Schreckgespenst, und da die Mitgiftbeschaffung und die Brautausstattung für arme Bräute mit zu den Mizwaus der Familien und Gemeinden gehörte, so war die Heiratsvermittlung ein freier Beruf, der garnicht in üblem Ansehen stand.

Die Person des Heiratsvermittlers (Schadchen), heute durch Zeitungsannoncen vielfach verdrängt, ist von einer Fülle von Geschichten und Anekdoten umrankt, die nicht nur lustig anzuhören sind und sich bis in die heutige (zionistische) Zeit durchsetzen, sondern die auch ernsthaft betrachtet werden können, und – wie die jüdischen Sprichwörter – einen reichen Niederschlag jüdischer Kultur mit sich führen.

Dass jedes Mädchen heiraten soll und kann und muß, geht schon aus dem Midrasch hervor, der erzählt, daß bei der Geburt eines Mädchens im Himmel der Name ihres künftigen Ehepartners ausgerufen wird, und das erklärt auch das Gebet des beklommenen Vaters: »Lieber Gott, Du kennst doch den Chossen von meiner Saralieb, wo is er? Warum läßt Du mich so lange zappeln?«

Das Leben dieser kindlichen Mädchen wickelte sich ausschließlich in dem engsten Rahmen und unter der strengen Aufsicht der Familie ab. Unter Einbeziehung des Zieles ihres Daseins kann es auch mit drei Schlagworten gekennzeichnet werden: Kinder, Küche, Kleider – alles, was dazu nötig ist, in praktischer Uebung ohne bewußtes Spezialistentum angeeignet und bewertet.

Kochen können war schon durch die Bedeutung des Küchenrituals eine wichtige Kunst, besonders wichtig auch dadurch, daß das Essen von je her, als Gegengewicht zu dem verpönten Trinken, ein gepflegter, leiblicher Genuß der Juden war, der für den Freitag Abend und den Sabbat-Tisch bis auf den heutigen Tag eine religiöse Weihe erhält. Kochen – daß mußten die Mädchen und jungen Frauen lernen, d.h. können, das sind schätzenswerte Praktiken. Allerdings sind Kochen können und Haushalt führen ganz verschiedene Begabungen und Techniken. Die Handlangerarbeit dabei wurde von jeher von den jüdischen Mädchen nicht gern geübt und tunlichst auf einen anderen Personenkreis abgewimmelt, bei welcher Betrachtung, sehr zum Schaden der Einbezogenen, auch das Präsens anzuwenden wäre!

Eine wichtige psychologische Nuance dabei ist noch die, ob man etwas für sich im eigenen Haushalt oder im fremden Haushalt, im Dienst gegen Lohn tut. An dieser Stelle liegt die Wurzel der Ablehnung des Hausdienstes als Beruf, worüber die Akten noch längst nicht geschlossen sind, und die für das Leben der Mädchen von jeher bis heute eine wichtige Rolle spielt. An die so wichtige Aufgabe der Vergeistigung der Hausarbeit, des Hausdienstes dachten die jüd. Mädchen nie, und auch heute noch denken die wenigsten Frauen und Mädchen daran, sich dieser Flügel zu bedienen, um sich über den Alltag froh zu erheben.

Die knappe Anlernzeit des jüdischen Mädchens vor ihrer Verheiratung und des Werdegangs zur Frau und Mutter mit einer großen Kinderschar gab auch wenig Möglichkeiten zur Uebung in Nadelarbeit. Die Herstellung und Bereitstellung der Aussteuer, auf die der größte Wert gelegt wurde (Stapel von Leinen, Tischdecken, Seidenstoffen und Spitzen zeugten für den Besitzstand der Familie und wurde in die Mitgift eingerechnet) gab zwar Gelegenheit zum Nähen. Aber über ein Hemde mit Gosset, von welcher Art ein deutsches Mädchen monatlich ein Stück herstellen und wie »geperlt« nähen sollte, ging die Zuschneide- und Nadelfertigkeit selten hinaus.

»Inexpressibles« gab es nicht. Stricken, Flicken und Stopfen wurde – je besser die Herkunft desto mehr – geschätzt. Die vorgesehenen Ausstattungsgegenstände waren meist mit roten Kreuzstichen auf den Namen der Braut gemerkt, weil man schon Vorräte sammelte, bevor man den künftigen Gesponsen kannte und weil – »Gott behüte – man kann nicht wissen –«!

Kunstgeschmack war wenig vorhanden, Technik unentwickelt, Zeichnung, wo immer sie angewendet wurde, primitiv.

Als sich die Fenster und Türen der Ghetti langsam öffneten, da waren es die Mädchen, die zuerst die Nase in die neue Luft steckten. Die Mädchen konnten es deshalb, weil man ihrer geistigen Entwicklung gewohntermassen wenig Interesse und Bedeutung beilegte, und auch weil sich das Heiratsalter mählich nach oben zu verschieben begann. Dadurch ergab sich erst eine wirkliche »Mädchenzeit«.

Ein nachhaltiger Einfluss einer neuen Zeit der »Emanzipation« kam für die Mädchen weniger auf rein geistigen Wegen, wie durch den Einbruch von Philosophie, Klassik und Romantik in der Literatur (die auf die Bereitschaft zur Heirat nur in seltenen Fällen retardierend wirkten) zustande, als von der Seite wirtschaftlicher Erschütterungen und Neuordnungen, die durch soziale und politische Inhalte Richtung und Wertung fanden. Einerlei woher der neue Wind wehte, der die Mädchen in geistiger und materieller Unabhängigkeit ein Ziel suchen ließ, das Gemeinsame lag in beginnender Kritik und in der Ablehnung und Abkehr von der Familie, vielfach freilich nicht in solcher Festigkeit und »Totalität«, der man einen gewissen Respekt nicht hätte versagen können, sondern oft nur unter Beibehaltung gewisser finanzieller Stützpunkte, einer Art Drachenflug an längerer oder kürzerer Schnur.

Diese Veränderungen ergaben sich natürlich nicht und nirgends sprunghaft, sondern waren nach Osten und Westen, nach Tradition und Wirtschaftslage, nach religiöser und politischer Einstellung der Familie aufs stärkste milieugebunden und sind in der Auffassung dessen, was für ein Mädchen richtig und wünschenswert ist, glücklicherweise heute noch nicht auf eine Einheit gebracht.

Unter der Verelendung und dem Druck, unter dem die Ostjuden zu leben gezwungen waren, und die sie zu pauperisierten und proletarischen Massen zusammenballten, verließen auch die jüdischen Mädchen sobald sie ihre Flügel wachsen fühlten, die Enge ihrer Häuslichkeit und rückten bald in die Reihen der Arbeiterinnen und der Studentinnen und damit auch rasch in die mit politischer Höchstspannung geladenen Personenkreise. Lange zurückgedämpfte Vitalität fand in solcher schwer errungenen, beglückenden Freiheit ihren Spielraum, so daß das Durchbrechen aller Bindungen und

Formen für die Einzelne fast eine notwendige sakrale Handlung wurde.

Viele der jüdischen Mädchen, besonders in Rußland und in Polen, assimilierten sich völlig ihrer christlichen, d. h. areligiösen, nur politisch betonten, Umwelt in höchst revolutionärem Sinne. Der Typ dieser Frauen ist längst in die Literatur aufgenommen. Für andere brachte der Zionismus eine gleichzuwertende Entspannung und Anregung: d. h. eine Bewegung, »national«, sozial und revolutionär im gewissen Sinne, aber ohne die jüdische Tradition preiszugeben. Im Gegenteil, ihr nachzugehen und sie in Kultur, Geschichte und Sprache bewußt neu aufleben zu lassen, wurde höchste Aufgabe. Von weitem sieht es so aus, als ob der Zionismus den Frauen ihre Gleichberechtigung zugestehen würde; ob aber die Zionisten innerhalb der Gleichberechtigung die Andersartigkeit des Mädchens in ihrem Frauenschicksal in den sozialen Konstellationen respektieren, – d. h. ob die Frage nicht an bestimmten Stellen dennoch politisch überritten wird – scheint doch noch sehr die Frage.

Im Westen hat die Entwicklung des Mädchendaseins ganz andere Formen angenommen, als im Osten.

Kein Proletariat, sondern eine Schicht von durchschnittlich in relativ gesicherter bürgerlicher Atmosphäre lebenden Juden bildet die Grundlage dafür, und entscheidend ist die allgemeine Schulpflicht, die in ihrem Aufbau durch alle Schulgattungen bis zur Universität für die 3 Konfessionen gleich zugänglich war.

Die Kämpfe, die in Deutschland für alle Berufs- und Ausbildungsmöglichkeiten der Frau durch die Frauen aus der Frauenbewegung geführt wurden, schlossen die jüdischen Mädchen nicht aus. So sehen wir sie fast ohne äußere Anstrengung (in manchen Kreisen und Familien war nur innere Gegnerschaft zu überwinden) fast selbstverständlich den Weg gehen, der bis zur jüngsten Schicksalswendung der Juden der gegebene oder doch der theoretisch mögliche war. Das jüdische Mädchen hatte danach etwa zwei Jahrzehnte lang innerhalb der allgemein gültigen Grenzen nach Anlage, Wunsch und Finanzen die Möglichkeit freier Berufswahl.

Das blieb natürlich nicht ohne Einfluss auf die menschliche Substanz und die Erscheinungsform für das bildsame Wesen der Mädchen, differenzierte sie aber sehr stark untereinander, so stark, daß die einzelnen Typen sehr bald von einander Abstand nahmen. Gemeinsam blieb ihnen das Abrücken von der Familie – oft als sacro-egoisma frisiert und das Hinaufrücken des Heiratsalters.

Als Wichtigstes auf dieser Linie ist zu beobachten, daß heute vielfach nicht mehr von einer »Mädchenzeit« im herkömmlichen Sinne gesprochen werden kann, wenn darunter die Uebergangszeit vom Kinde bis zur Heirat zu verstehen ist. Wir sehen vielmehr, daß im Altersaufbau die individuellen Grenzen einer Mädchenzeit sehr fließend geworden ist.

Die unverheiratete, reife, selbständige Frau hat sich, in allen Kulturkreisen anerkannt, zu einem lebensberechtigten und lebensbejahenden Typ entwickelt, zu einer Frau, die in ihrem ganzen Dasein Bindungen, Lösungen, Schicksalsgestaltung, auch in geschlechtlicher Beziehung, sich selbst und der Welt gegenüber allein und frei, die volle Verantwortung zu tragen gewillt ist.

Das Auftauchen dieses neuartigen Frauentypus, der in seiner besten Form vielleicht gärtnerisch mit einer Chrysantheme zu vergleichen wäre, lässt aber die Betrachtung sich anders auswirkender Mädchenzeiten nicht überflüssig oder uninteressant werden, denn sie sind im Bilde des jüdischen Gemeinwesens sehr bedeutsam, bedeutsamer als die Chrysantheme, die in ihrer hochgezüchteten Blüte einmalig und ohne persönliche Zukunft ist.

Wenn man den Begriff der Mädchenzeit mit dem des Heiratsalters identifiziert, und Möglichkeit, Wahrscheinlichkeit und Wunsch zu einer Eheschließung praktisch und psychologisch weitestgehend einbezieht, dann kann man diese Zeit für die deutsche Jüdin als mit geistigen und sozialen Entwicklungen ausgestattet ansehen, man könnte darin aber auch die Wurzel für den Vorwurf finden, daß manche Ausbildung von den Mädchen sehr oberflächlich betrieben werde, weil sie nur die Wartezeit bis zur Verheiratung auszufüllen und kein strenges, ernstes Berufsziel habe.

Diese Annahme wird natürlich, wie manche andere, nicht immer zutreffen, sondern von individuellen und sozialen Bedingtheiten abhängen; bei älteren Jahrgängen weniger, als bei den jüngeren.

Darum finden wir auch, wenn wir für den Zweck dieser Betrachtungen etwas schematische Ordnung in das Gewimmel der Mädchenzeit zu bringen versuchen, die Vertreterinnen der gewerblichen und kaufmännischen Berufe bei ihrem Start ins Leben am wenigsten beschwert. Durchschnittlich – Ausnahmen bereitwilligst zugegeben – haben sie wenig allgemeine Interessen, was schon aus der starken körperlichen Anstrengung bei jungen Leuten erklärlich ist. Natürlich greifen sie zu den nächstliegenden, billigen Vergnügungen, lassen sich gern sexuell anregen und denken zu ihrem Glück kaum daran, daß in ihrem Alter Lippenstift und Puderquaste der jugendlichen Frische und dem Reiz ihrer Erscheinung keine Verbesserung, sondern nur Schaden bringen.

Anders ist es, – nein, war es einst – mit der Studentin, die durch Gymnasialzeit und Abitur schon eine Willensprobe bestanden hat. Aber auch der Universitätsbesuch bedeutet nicht immer Reife, die der Mädchenzeit eine ernste Zielsetzung gibt, die mit gesunder, sprudelnder Fröhlichkeit durchaus vereinbar ist. Viele der Studentinnen, die in den Gängen und Hörsälen der Universität, bei mehr oder weniger gedämpften Flirt ihre Dauerwellen schütteln und aus der Tiefe ihrer Aktentasche, dem Attribut jeglichen Wissensdranges, erstaunliche Mengen von Aepfeln und Butterbroten holen, werden mit ihrem Streben nicht über die »Mädchenzeit« hinauskommen.

Auch Musik und andere Kunstbeflissenheit erheben sich nur selten über die Ansprüche, die die Mädchenzeit stellt, und – um eine glückliche Anlage zu ernstem Können und Streben hinaufwachsen zu lassen.

Die Ausbildung zur Lehrerin stellt schon während der frühen Mädchenzeit gewisse Anforderungen an eine künftige Kandidatin, die sich nicht übersehen lassen, und für die Religionslehrerin scheint mir schon die allgemeine Haltung eines jungen Mädchens zutiefst maßgebend zu sein.

Ganz anders betont sind aber die Inhalte der Mädchenzeit jener Persönlichkeiten – das Wort in seinem strengen Sinne gebraucht – die sich für pflegerische und sozialpädagogische Berufe entscheiden, wie Krankenpflege, Kindergärtnerin, Hortnerin, Sozialbeamtin etc., etc. Hat die Zeitwende auch hier mächtig eingegriffen, so liegen doch in der Ausübung dieser Berufe Licht und Schatten, Freude und Sorge, Befriedigung und Anstrengung (Sex Appeal inbegriffen) oft recht nahe beisammen, so daß diese Mädchenzeit doch als eine sehr reiche angesprochen werden kann. –

Das letzte Jahrzehnt hat das Leben des jüdischen Mädchens noch um zwei weitere Inhalte bereichert: Um den Sport und um das Leben in den Jugendbünden.

Das jüdische Sportmädel konnte ich nicht aus persönlicher Berührung beobachten und sehe nur die günstige gesundheitliche Beeinflussung von Turnen, Schwimmen, Rasenspielen und Wandern, sofern dies nicht übertrieben und so in den Vordergrund des Interesses rückt, daß es andere Betätigung zudeckt und ausschließt.

Aber der Einfluss der Jugendbünde ist doch in einer ernsten Betrachtung wie diese wenigsten in Kürze anzuführen. Die Mädchen ziehen begreiflicherweise die gemischten Jugendvereine und Bünde den Nur-Mädchenvereinen vor, trotzdem in diesen auf spezielle Interessen, Ausbildungsmöglichkeiten, in Aussprache und Lektüre viel mehr eingegangen werden kann; aber das gemischte Gebaren ist der Jugend gemäßer und auch sicher amüsanter durch die Fäden, die spielerisch oder ernst die beiden Geschlechter verbinden.

Der strengen, parteimäßigen Bindung scheinen mir die weiblichen Mitglieder weniger verfallen zu sein, als die männlichen; vielleicht halten sie sich instinktiv etwas »minnich«. Dass die Jugendverbände an und für sich schon die Zellen der späteren Parteizerrissenheit darstellen, ist im Hinblick auf die wünschenswerte friedliche Gesamthaltung der jüdischen Gemeinschaft sehr bedauerlich, steht aber in dem Thema dieser Betrachtung nicht zur Diskussion. Wohl aber ist mit Bedauern festzustellen, daß der bündische Einfluss auf die jungen Mädchen vielfach kein günstiger ist. Die Bünde zerren die in der Vorentwicklung und in der Entwicklung begriffenen jungen Menschen aus dem Familienkreis, in dem sie für ihre Zukunft wurzelfest bleiben sollten, und auch was an religiösem Bestand in der Mädchenzeit durch häusliche Erziehung und Gewöhnung den Inhalt des geistig religiösen Seins umkleiden soll, wird durch die außerhäuslichen Ansprüche an die Kraft und Zeit der Jugend vielfach in der Kontinuität gestört und entwertet.

Die Loblieder auf die Familie von Kanzel und Katheder stehen oft in befremdlichem Gegensatz zu den praktischen Auflösungstendenzen, die nicht nur geduldet, sondern auch von bestimmten Stellen systematisch betrieben werden. Hier tauchen in meinem Sinn die Pastores, die sogen. Jugendrabbiner, auf, die – wenn sie auch wie ihre Herde täglich um 24 Stunden älter werden – doch schon beim Dienstantritt älter und reifer sein müßten, um nicht die Spannungen zwischen der älteren Generation und der heranwachsenden Jugend zu erhöhen.

Auch die ungenügende, aber selbstgenügsame Art der Anlernung in manchen Hachscharahs ist für die Lehrzeit vieler junger Mädchen kein Vorteil, und die Koedukation dort (mehr Ko als Edukation) bildet die Basis für Praktiken, gegen die sich ernste Sozialpädagogen mit großer Energie auflehnen müßten.

Noch ein Wort zu der Haltung, die die gesamte heranwachsende Generation, nicht nur die jüdische, der Frauenbewegung gegenüber einnimmt. Hoheitsvoll überlegen in der Beurteilung der Ziele der »alten Damen« beurteilen besonders die Akademikerinnen die Zeit, der sie entwachsen sind, die Frauen, die für sie gekämpft haben, mit nachsichtigem Mitleid. Aber die Mühlen der Zeit mahlen manchmal auch unheimlich schnell. Was gestern erreicht und erworben wurde, ist vielfach im Zerfließen begriffen. Darum wollen wir Alten nicht von Undank sprechen, sondern Gesetze und historische Entwicklungen zu erkennen bemüht sein.

Wie immer aber die soziologische Entwicklung der Judenschaft an irgendeiner Stelle sich gestalten möge, das jüdische Mädchen wird als ein lebendiges Glied derselben zu werten sein, von dessen Willensbildung und Leitungsfähigkeit die Aufbaumöglichkeit und Festigkeit des Gefüges zum großen Teil abhängen wird, als Vorbereitung der hohen Aufgabe zur Mutter in Israel, als letztes und höchstes Ziel weiblichen jüdischen Seins.

31. 12. 34 Isenburg
Bertha Pappenheim.

Über tredition

Eigenes Buch veröffentlichen

tredition wurde 2006 in Hamburg gegründet und hat seither mehrere tausend Buchtitel veröffentlicht. Autoren veröffentlichen in wenigen leichten Schritten gedruckte Bücher, e-Books und audio-Books. tredition hat das Ziel, die beste und fairste Veröffentlichungsmöglichkeit für Autoren zu bieten.

tredition wurde mit der Erkenntnis gegründet, dass nur etwa jedes 200. bei Verlagen eingereichte Manuskript veröffentlicht wird. Dabei hat jedes Buch seinen Markt, also seine Leser. tredition sorgt dafür, dass für jedes Buch die Leserschaft auch erreicht wird.

Im einzigartigen Literatur-Netzwerk von tredition bieten zahlreiche Literatur-Partner (das sind Lektoren, Übersetzer, Hörbuchsprecher und Illustratoren) ihre Dienstleistung an, um Manuskripte zu verbessern oder die Vielfalt zu erhöhen. Autoren vereinbaren direkt mit den Literatur-Partnern die Konditionen ihrer Zusammenarbeit und partizipieren gemeinsam am Erfolg des Buches.

Das gesamte Verlagsprogramm von tredition ist bei allen stationären Buchhandlungen und Online-Buchhändlern wie z. B. Amazon erhältlich. e-Books stehen bei den führenden Online-Portalen (z. B. iBookstore von Apple oder Kindle von Amazon) zum Verkauf.

Einfach leicht ein Buch veröffentlichen: **www.tredition.de**

Eigene Buchreihe oder eigenen Verlag gründen

Seit 2009 bietet tredition sein Verlagskonzept auch als sogenanntes "White-Label" an. Das bedeutet, dass andere Unternehmen, Institutionen und Personen risikofrei und unkompliziert selbst zum Herausgeber von Büchern und Buchreihen unter eigener Marke werden können. tredition übernimmt dabei das komplette Herstellungs- und Distributionsrisiko.

Zahlreiche Zeitschriften-, Zeitungs- und Buchverlage, Universitäten, Forschungseinrichtungen u.v.m. nutzen diese Dienstleistung von tredition, um unter eigener Marke ohne Risiko Bücher zu verlegen.

Alle Informationen im Internet: **www.tredition.de/fuer-verlage**

tredition wurde mit mehreren Innovationspreisen ausgezeichnet, u. a. mit dem Webfuture Award und dem Innovationspreis der Buch Digitale.

tredition ist Mitglied im Börsenverein des Deutschen Buchhandels.

Dieses Werk elektronisch lesen

Dieses Werk ist Teil der Gutenberg-DE Edition DVD. Diese enthält das komplette Archiv des Projekt Gutenberg-DE. Die DVD ist im Internet erhältlich auf **http://gutenbergshop.abc.de**

Zeitfracht Medien GmbH
Ferdinand-Jühlke-Straße 7
99095 Erfurt, Deutschland
produktsicherheit@kolibri360.de